FACULTÉ DE DROIT DE PARIS.

DES LÉGATIONS

SELON LE DROIT ET LES USAGES ROMAINS

DES

CONSULATS ET DES AMBASSADES

SELON LE DROIT ET LES USAGES MODERNES

THÈSE POUR LE DOCTORAT

Présentée et soutenue le jeudi 8 janvier 1874,

PAR

Paul-Auguste LEROY

Avocat stagiaire.

PARIS

A. PARENT, IMPRIMEUR DE LA FACULTÉ DE MÉDECINE

31, rue Monsieur-le-Prince, 31

1874

DES LÉGATIONS

SELON LE DROIT ET LES USAGES ROMAINS

DES

CONSULATS ET DES AMBASSADES

SELON LE DROIT ET LES USAGES MODERNES

THÈSE POUR LE DOCTORAT

PAR

Paul-Auguste LEROY

Avocat stagiaire.

L'acte public sur les matières ci-après sera présenté et soutenu le jeudi 8 janvier 1874, à midi.

Président :	M.	CH. GIRAUD,	Professeur.
Suffragants :	MM.	MACHELARD,	Professeurs.
		DUVERGER,	
		BEUDANT,	
		LYON-CAEN,	Agrégé.

PARIS

A. PARENT, IMPRIMEUR DE LA FACULTÉ DE MÉDECINE

31, rue Monsieur-le-Prince, 31

1874

A LA MÉMOIRE

DE MES GRANDS-PARENTS

A MON PÈRE ET A MA MÈRE

AVANT-PROPOS

Le but que nous nous sommes proposé en écrivant cette dissertation sur les ambassades dans l'antiquité, n'a point été de présenter une étude complète, sur un sujet aussi vaste que délicat. D'ailleurs le peu de matériaux que nous possédons suffirait pour rendre une pareille tâche à peu près impossible. En effet, aucun traité spécial de droit des gens, ne nous a été laissé par les peuples anciens, ni surtout par les Romains. Et il sera à jamais regrettable pour l'érudition que les manuscrits ne nous aient point transmis le traité d'Aristote sur les ambassades, qui aurait éclairé cette partie encore trop peu connue de l'antiquité.

Il nous a donc fallu chercher des guides parmi les historiens, et dans les traités écrits par les modernes sur le droit des ambassadeurs, particulièrement dans le traité d'A. Gentilis *de legationibus*. Nous pourrions encore citer une monographie toute spéciale de M. Georges Weiske, conseiller à la cour de Saxe, si M. Weiske ne s'était point borné à copier presque littéralement Gentilis. Beaucoup plus remarquables et plus utiles nous ont paru les belles études historiques de M. Egger sur les traités publics, chez les Grecs et les Romains, ouvrage auquel on pourrait peut-être reprocher d'avoir laissé dans l'ombre la partie juridique du sujet et certaines institutions considérables comme les Féciaux. Après un tel modèle on conçoit qu'il nous restait peu de choses à découvrir.

Et cependant, malgré tout, malgré la difficulté de cette étude attestée par Wicquefort lui même (1), nous ne pouvons dissimuler le plaisir que nous ont procuré nos recherches. Oui! aussi bien au point de vue du droit public que du droit privé, notre législation, nos usages constants procèdent des Romains et Montesquieu a eu raison de dire : « On ne peut jamais quitter les Romains. « C'est ainsi qu'encore aujourd'hui dans leur capitale, on laisse les nouveaux palais pour aller « chercher les ruines. C'est ainsi que l'œil qui « s'est reposé sur l'émail des prairies aime à voir « les rochers et les montagnes. »

Le mot latin *legatus* correspond à des sens multiples. En dehors des *legati Cæsaris* et des *legati proconsulis* dont il serait ici superflu de nous occuper, nous trouvons deux sortes de *legati* : D'abord les ambassadeurs proprement dits *(legati hostium, legati populi senatusque Romani)*; et puis les *legati*

(1) « De tous les Glossateurs du droit civil et canon, il n'y en a pas un qui s'étende sur le droit public... » V. cette citation dans Bynkersock, c. 6, *De foro Legatorum*.

provinciales ou *municipales*, remplissant une fonction mixte, à la fois politique et administrative.

De là, une division toute naturelle dans notre étude.

Un premier chapitre sera consacré aux ambassades.

Dans un second chapitre, nous traiterons des députations provinciales.

Nous jetterons ainsi un coup d'œil rapide sur les relations de Rome avec les nations étrangères et sur les rapports qu'elle eut avec les peuples soumis à son immense empire.

DROIT ROMAIN

DE LEGATIONIBUS

CHAPITRE PREMIER

DES AMBASSADES

Ce chapitre lui-même sera divisé en deux sections :

1re section : Du droit des gens.

2e section : Des ambassades elles-mêmes.

SECTION Ire.

Du droit des gens.

§ 1er. — *Du droit des gens en général dans l'antiquité.*

Beaucoup d'écrivains et même des jurisconsultes ont nié l'existence d'un droit des gens, chez les anciens. « L'antiquité, dit M. Jules Grenier dans « un article inséré au Dictionnaire de la politique, « ne posséda point un droit international bien dé« veloppé, et il y a pour cela entre autres cette « excellente raison, c'est que le monde civilisé se « trouva compris dans les limites d'un seul em« pire. » Et Wheaton, dans l'introduction à son histoire des progrès du droit des gens, exprime à peu près la même pensée en termes différents. Nous ne partagerons à cet égard ni les idées de M. Grenier, ni celles de Wheaton, et il nous semble au contraire incontestable que le droit des gens fut très-développé chez les anciens, surtout chez les Romains. Ne serait-il pas bizarre, en effet, que ce peuple qui nous a transmis la distinction entre le *jus civile* et le *jus gentium*, que ce peuple qui fut si amoureux de procédure, n'eût point pratiqué dans ses rapports internationaux des règles et des institutions bien positives? Rome sans doute commanda à l'univers, mais après plusieurs siècles de luttes, de négociations et d'intrigues. Les peuples de son empire ne furent point soumis à la même condition; tandis que les uns furent complètement assimilés à la nation conquérante, d'autres restèrent à l'état de simples tributaires. Et, bien qu'arrivée à la domination du monde, Rome ne put jamais par les armes dompter les peuples qui se pressaient sur ses frontières. Il lui fallut le secours de la diplomatie la plus raffinée pour manier et amollir les caractères insolents des Barbares d'Orient.

Ce qui est vrai, comme nous le remarquerons plus tard, c'est que les anciens ne connurent point les légations permanentes, cette institution salutaire qui est due à la nouvelle condition de l'Europe. Mais, sauf cette particularité et quelques autres encore, « les auteurs les plus fameux et les « exemples de tous les siècles, comme le remarque « le baron de Bielfed, dans ses institutions politi- « ques, s'accordent pour constater non-seulement

« l'existence et la nécessité des légations, mais « aussi pour donner à tous ministres publics, trois « sortes de prérogatives ; savoir : de les recevoir et « reconnaître en cette qualité, de leur procurer « une entière sûreté pour leurs personnes et pour « leurs biens, de leur accorder des honneurs et des « distinctions dus à leur caractère et au souverain « qui les envoie. »

Comme tous les peuples et plus qu'aucun autre, les Romains sentirent la nécessité d'obéir à ces règles, comme aussi, ils exigèrent l'observation des mêmes principes par les nations étrangères. En vain objecterait-on certaines dérogations de la pratique et plusieurs violations du droit des gens accomplies par les Romains ! Quelle est donc la règle de droit qui a toujours été respectée chez un peuple ? Et serait-il donc nécessaire de remonter bien loin dans l'histoire pour trouver des exemples d'une plus fragrante violation opérée par des peuples de l'Europe ? Les lois féciales, les pactes et les traités, les faits historiques établissent que les Romains avaient des notions exactes du droit international, que les rapports de peuple à peuple reposaient autrefois comme de nos jours, sur des usages universellement acceptés, et de plus, conformes en général aux règles de la bienséance et de l'équité. Moins étendus qu'aujourd'hui, j'en conviens, ces principes se bornaient ordinairement aux choses de la guerre, aux traités de paix ou d'alliance, même aux conventions de neutralité dont les notions ne furent point inconnues des Romains (témoin Marcus et Atilius, délégués extraordinaires du sénat en Grèce pour surveiller les armements de Persée et dont la mission concernait ce que dans le style moderne, on est convenu d'appeler une neutralité attentive). Mais enfin il y avait là matière à former une science importante, dont les doctrines et la pratique sont indiscutables.

§ 2. — *Négociations diplomatiques.*

Si l'on interroge l'histoire, on s'aperçoit aisément que les relations des Romains avec les autres peuples, furent non-seulement plus développés mais encore eurent des buts plus différents qu'on aurait pu le soupçonner au premier abord. Plus d'un exemple célèbre en est arrivé jusqu'à nous. En laissant de côté les ambassades purement politiques ou belligérantes, on voit que les Romains étendirent au loin leurs négociations publiques pour subvenir aux nécessités commerciales. L'alliance qu'ils conclurent avec les Rhodiens au moment où ils se disposaient à la conquête de l'Orient, leur donna l'occasion de reconnaître les lois de ces navigateurs célèbres. Le besoin de ravitailler Rome et de satisfaire au goût d'un luxe insensé, amena même les Romains à lier des rapports diplomatiques avec les peuples les plus éloignés de l'Empire. Aussi nous ne serons point étonnés du soin que ces nations mettaient à conserver et à accroître d'aussi lucratives relations. De là vinrent les ambassades envoyées par les Indiens, les Sères et les Scythes à l'empereur Auguste, ambassades dont Dion Cassius nous a transmis le récit soupçonné infidèle et tout au moins merveilleux. Car, s'il faut en croire cet auteur, les envoyés du roi des Indiens apportèrent des présents considérables et d'une extrême rareté. Tigres, vipères, serpents de dix coudées, tortues de trois coudées, perdrix plus grosse qu'un vautour auraient été les singuliers cadeaux de cette ambassade auxquels il faudrait joindre un Indien né sans bras qui se servait à tous usages de ses pieds comme de mains, qui bandait un arc, en tirait, jouait de la trompette. Dion Cassius nous fournit ces détails sur la foi de témoignages qu'il a recueillis, et plus d'un exemple lui en a de son temps fait voir la possibilité. Sa narration ne s'arrête pas là et, se fondant sur une inscription d'un tombeau grec, il croit qu'un Indien, de la suite de cette ambassade, se brûla publiquement à Athènes en l'honneur du César romain. Bien qu'on soit fortement tenté de voir des contes fabuleux dans ce récit de Dion Cassius, nous serions, s'il nous l'était permis, d'une critique moins sévère, et le récit de l'historien grec, si extravagant qu'il soit, ne nous semble point invraisemblable, surtout quand nous pensons aux narrations des voyageurs modernes sur les effets merveilleux du fanatisme Indien. Singulier peuple Athénien ! direz vous ! qui assiste à un pareil suicide ! Mais n'avons-nous pas vu l'orgueilleuse Albion autoriser, moyennant quelques drachimées, le pauvre Indien à se noyer dans les eaux sacrées du Gange?

Quoi qu'il en soit, les Césars Romains ne voulurent en rien le céder aux monarques orientaux. Et Trajan déploya une splendeur éblouissante en l'honneur d'une nouvelle ambassade qui lui fut envoyée par un autre roi des Indes. Dion rapporte que pendant vingt-trois jours, l'Empereur donna des spectacles où furent tuées jusqu'à 1,000 bêtes tant sauvages que domestiques et où combattirent plus de 10,000 gladiateurs. C'est d'ailleurs sous le règne de Trajan que se développèrent les relations internationales des peuples orientaux. Ainsi un certain Tchang-Kiang, général de l'Empereur chinois Tchang-Ti, pénétra alors jusqu'aux rives de la mer caspienne et en rapporta la vigne.

Après les voyages commerciaux et diplomatiques des Orientaux en Europe, il était naturel que les ambassadeurs de l'Occident pénétrassent dans les contrées les plus lointaines du Levant. C'est ce qui arriva en effet. Nous savons que Marc-Aurèle envoya une mission aux pays qui produisent la soie. Quels étaient ces pays? Problème obscur, heureusement éclairci par les annales de la Chine : « Elles constatent, dit M. le marquis de Courcy (1), qu'à cette époque un ambassadeur venant des grands royaumes de l'Occident, Ta-tsin-Kouoh apporta leurs tributs à l'Empire du Milieu..... et

(1) V. L'Empire du Milieu, ouvrage publié à Paris, chez Didier.

les historiens chinois parlent aussi de plusieurs missions envoyées par leurs souverains aux Ta-tsin-Kouoh. Au delà des Taochi, disent-ils, on rencontre une grande mer, par laquelle en navigant vers l'Ouest il est possible d'atteindre les régions où se couche le soleil. » Il y a là pour nous un curieux rapprochement, et les conjectures que nous en tirons tendraient plus vers la certitude que ne semble l'admettre le savant historien de l'Empire chinois. Sans doute on pourrait croire qu'il s'agit là des barbares voisins de la mer Caspienne. Mais cette objection ne nous arrête pas. Les Romains en effet désignaient sous le nom de Sères, les peuples les plus éloignés d'eux à l'Orient. Et le jugement porté sur les Sères par Ammien Marcellin, les dimensions que Ptolomée attribue à la Serica, l'accord qui existe entre les historiens romains et les annalistes chinois, tout nous montre que les Romains eurent des rapports fréquents de diplomatie avec le Céleste Empire.

La guerre et la paix, le commerce et l'industrie ne furent pas les seules causes des ambassades romaines, la religion elle-même pénétra dans le domaine de la politique internationale. Tant que Rome fut païenne, elle s'assimila les dieux des peuples vaincus; c'était pour elle un instrument facile de domination. Mais quand le christianisme monta avec Constantin sur le trône des Césars, aucune de ces transactions ne demeura possible. Au lieu de s'assimiler la religion des autres peuples,

Rome poussée par la Providence chercha à implanter la croix chez les nations étrangères. Et J. Godefroy nous apprend que tel fut le but d'une mission envoyée par Constance chez deux peuples de l'Arabie, les Axumitæ et les Homeritæ. Dès la plus haute antiquité les Romains avaient noué des relations commerciales et politiques avec ces peuples. On s'explique donc facilement l'envoi de cette ambassade par Constance, ambassade qui, comme je l'ai dit, devait accomplir une mission religieuse : la conversion des Axumites et des Homérites au catholicisme, et dont le chef fut un certain Théophile : « Theophilum, lisons nous dans J. Godefroy, legationis istius principem fuisse ait Philostorgius. » Ce Philostorgius dont Godefroy invoque ici l'autorité est un écrivain ecclésiastique du XVIIe siècle. On peut trouver dans son ouvrage le récit de cette ambassade.

§ 3. — *Célébrités diplomatiques.*

Comment encore douter du rôle important que joua le droit des gens dans l'antiquité, quand on connait tant de noms célèbres d'ambassadeurs qui nous ont été transmis par les historiens et quand on sait que ces personnages ne se contentèrent point de remplir fidèlement leur mission, mais en écrivirent le récit ? Sous le Bas-Empire, Priscus envoyé par Théodose près d'Attila nous a laissé un ouvrage assez détaillé sur sa mission et son voyage. Nous possédons en outre le récit d'une ambassade célèbre de Petrus Magister, sous Justinien, auprès de Chosroès. Malheureusement cette collection de Petrus est incomplète. Elle nous est parvenue par fragments, extraits heureusement choisis par le rhéteur Ménandre et fort intéressants pour l'histoire (1). Pourparlers, rédaction, homologation et échange des ratifications, presque rien n'y manque des usages de la Chancellerie antique, et ceci nous montre que les mêmes besoins se faisant sentir aux différentes époques de l'histoire, les mêmes institutions doivent s'y retrouver. Aussi, bien qu'aucune relation semblable ne nous soit venue de l'époque classique, il est certain cependant que des narrations identiques ont existé dans les Archives Romaines et le secret de la politique patricienne peut seule nous expliquer le silence de l'histoire.

§ 4. — *Style diplomatique.*

Les relations de Priscus et de Petrus Magister, sont intéressantes au point de vue même du style. Mais après tout, ce n'est pas là qu'il faut chercher le langage officiel de la diplomatie à l'époque classique. Ce langage existait et certes les Romains n'étaient pas gens à livrer la rédaction des traités au caprice de l'arbitraire. Il suffit de parcourir le supplément au Corps diplomatique de Barbeyrac pour en avoir la preuve évidente. Nous ne parlons

(1) Voyez le *Corpus Bysantinæ historiæ*, ou *Relecta de Legationibus*, du père Labbe, de la compagnie de Jésus; on y trouvera une traduction latine de ces ouvrages bysantins.

pas ici des formules très-compliquées et multiples qui devaient aboutir à une déclaration de guerre. Mais s'agissait-il d'un traité de paix, la formule universellement adoptée était : *Pia et æterna pax sit ut eosdem quos populus Romanus hostes habebant atque amicos haberent*, etc., formule qui se rapproche beaucoup de nos formules modernes : « Il y aura paix constante et amitié perpétuelle entre, etc... » Parmi les documents les plus curieux au point de vue qui nous occupe, nous devons citer les nombreux décrets rendus par le sénat en faveur des Juifs, au temps de Jules César. Qu'on se donne la peine de les lire les uns après les autres. On y verra les mêmes formules en termes à peu près invariables. Tout d'abord en tête, est indiqué d'une façon précise l'endroit du Capitole où est déposé l'original du décret. Puis dans le corps même de l'acte on trouve le lieu où il a été passé, le nom des députés présents de part et d'autre et les clauses du contrat. Enfin la date figure avec le lieu de la signature et le nom des témoins. Le plus remarquable de ces décrets est sans contredit celui qui fut rendu par le Sénat après la mort de Jules César sous le pontificat juif d'Hyrcan et qui est emprunté par Barbeyrac à l'historien Josèphe. Nous aurons encore l'occasion d'en reparler dans la suite.

Du reste, alors comme aujourd'hui les négociations n'avaient point lieu par écrit, mais verbalement (Aulu-Gelle, dans ses *Nuits attiques*, livre VII, chapitre 14). C'était là et c'est encore une règle de haute prudence à laquelle ne manquaient pas les Anciens, car, comme dit le proverbe latin : *Scripta manent, verba volant.* Seulement cet usage offre un autre inconvénient et il dut arriver plus d'une fois que dans ces conférences animées, les ambassadeurs respectifs de chaque puissance n'observèrent point la mesure nécessaire et s'échauffèrent facilement au point de s'insulter.

Ces pourparlers duraient quelquefois plusieurs jours. Dans le récit, que nous a transmis A. Marcellin, de la honteuse capitulation consentie par les Perses à l'armée Romaine, on lit : « Quatre jours que nous passâmes dans les tourments d'une faim plus cruelle que la mort s'écoulèrent en pourparlers. » Au sortir de ces colloques, les envoyés consignaient par écrit le récit de leurs conférences et les remettaient ensuite au Sénat (Polybe, XXVI, 7), selon les temps, ou à l'Empereur. Sous l'Empire, les traités de paix portaient le nom de Pragmatiques et étaient délibérés d'abord dans le conseil privé de l'Empereur, puis dans le Sénat. Et cet usage se conserva à la cour de Byzance.

§ 5. — *Langue diplomatique.*

On peut se demander de quelle langue se servaient les Anciens dans leurs réunions internationales. La réponse se présente d'elle-même à l'esprit comme la question. Rome, pratiquant en tout le principe d'intervention, s'efforça et parvint à faire de la langue latine la langue officielle presque du monde entier, et elle y réussit tellement que tel était encore au XVIIe siècle l'usage général de l'Europe. Toutefois je présume que dans les pourparlers et les conférences, les Romains employèrent très-souvent d'autre idiome que le leur, lorsqu'ils se trouvaient en présence de négociateurs ignorants.

Toujours est-il que la connaissance des langues, indispensable de nos jours pour le diplomate, était aussi considérée par les Anciens comme une science très-nécessaire aux ambassadeurs ; c'est ce que nous montre un trait piquant rapporté par Frédéric de Marsolaër sur le consul Lentulus.

Il y avait surtout une langue, le grec, qu'il n'était guère possible à un ambassadeur romain d'ignorer; certes, les envoyés romains en Grèce n'avaient presque jamais besoin d'interprètes. Elevés pour la plupart à Athènes, ils traitaient, dans la langue de Thucydide et sans intermédiaire, les affaires dont ils étaient chargés. Les Romains au contraire forçaient, à Rome, les étrangers à recourir à la langue latine au moyen d'interprètes; les envoyés Grecs y étaient eux-mêmes astreints devant le Sénat romain. Et là paraît l'esprit orgueilleux de ces praticiens qui connaissaient l'idiome attique comme de véritables Athéniens. Plus tard, quand Byzance devint la capitale de l'Empire d'Orient, le grec fut la langue officielle de cette monarchie bâtarde, et les rois de Perse durent choisir leurs représentants près de la Cour Impériale parmi les hommes versés dans la connaissance du grec. « *Is Persica verba, Græce exprimere noverat,* » lisons-nous dans le corps d'histoire Byzantin du père Labbe.

SECTION II.

Des ambassades elles-mêmes.

§ 1. — *Du droit de représentation.*

S'il est un droit naturel, c'est bien le droit d'ambassade, c'est-à-dire le pouvoir incontestable et reconnu pour toute nation indépendante d'avoir des représentants chargés de porter aux autres peuples l'expression de ses plaintes et d'entretenir avec eux les relations imposées par le voisinage. La grandeur de cette fonction a été parfaitement comprise et exprimée par les Romains. Les auteurs latins renchérissent à l'envi dans leur admiration pour la dignité d'ambassadeur. Cicéron, dans un de ses discours, attribue au *legatus populi Romani* la puissance de la République et la splendeur du Sénat: *Auctoritatem Reipublicæ et faciem Senatus; Senatus faciem secum attulerat.* Tacite emploie aussi les mêmes expressions lorsque, parlant des *legati* de Galba, parmi lesquels se trouvait Pison, il dit, au livre 1er de ses Histoires : *Quod legati auctoritatem Senatus, Piso dignationem Cæsaris referre debuerit.* Il est même curieux de remarquer jusqu'à quel point de fidélité et d'exactitude les légations étaient empreintes du caractère représentatif. On voit en effet dans l'ambassade dont nous venons de parler d'après Tacite, qu'une partie de la mission représente le Sénat : *Auctoritatem Senatus*, et un ambassadeur, Pison, figure la personne même de l'Empereur : *dignationem Cæsaris*.

§ 2. — *Du refus de recevoir les agents diplomatiques.*

Les Romains admettaient que l'idée de *legatio* entraînait la réciprocité, mais que l'envoi de la première ambassade comportait l'idée de crainte. Ils avaient aussi pour principe de toujours recevoir les ambassadeurs qui leur étaient envoyés par les nations neutres ou amies. Et César, protecteur du peuple hébreu, fit rendre par le Sénat romain le décret d'après lequel les demandes des ambassadeurs juifs seraient toujours écoutées. On m'objectera peut-être que cet exemple ne prouve rien en faveur de ma thèse, car la Judée avait été conquise. Mais il est facile d'observer que Rome n'avait alors réduit la Judée qu'à l'état de nation tributaire et elle avait reçu l'autorisation de vivre selon les lois de Moïse. Elle avait donc gardé son autonomie complète, sauf le lien du tribut.

A l'égard des ennemis avec lesquels tout lien était rompu, le Sénat se réservait la facilité d'examiner s'il convenait ou non d'écouter leurs demandes. Tantôt il admettait leurs ambassades, tantôt il les éloignait sans vouloir les entendre. On le vit, aux moments les plus critiques de la fortune républicaine, jurer aux dieux et au peuple de ne jamais entrer en pourparlers avant que la patrie fût délivrée de la présence de l'envahisseur; c'est ainsi que, lors de la guerre punique, il fit vœu de n'entamer aucune négociation avec Annibal tant qu'un soldat carthaginois foulerait aux pieds le sol de l'Italie. Les ennemis devaient faire annoncer à Rome leur intention d'y envoyer des ambassadeurs. Autrement, ceux-ci risquaient fort d'être traités comme espions.

Les expéditions lointaines, telles que les campagnes de Gaules et les guerres d'Orient, obligèrent parfois le Sénat à se départir de la rigidité de ses principes et à autoriser le général en chef à recevoir lui-même les envoyés de l'ennemi; ils étaient alors reçus dans la tente du questeur militaire. Mais le patriciat, gardien de la dignité nationale et jaloux de son autorité, devait toujours ratifier ces négociations. Quand le résultat en avait été glorieux, il ne manquait pas de les approuver; mais il trouva plusieurs fois dans son pouvoir de ne pas ratifier le moyen de relever la fortune romaine abattue par des guerres désastreuses et de honteuses capitulations. Qui ne connaît la conduite du Sénat après la lugubre catastrophe des Fourches caudines? Des historiens sévères ont flétri ces agissements trompeurs. Le Sénat fut pourtant ici fidèle aux principes de la Constitution romaine, et il usa d'un droit qu'il ne voulut jamais céder tant qu'il dirigea les affaires de la République; car il arriva un moment où Rome, fatiguée des agitations du Forum et des déchirements de la guerre civile, chercha son repos dans un maître. Alors, toutes les prérogatives du Sénat, et notamment le droit de recevoir ou de congédier les ambassadeurs, le droit de ratifier les négociations des *legati*, qu'il nommait lui-même, passèrent à l'Empereur.

Les philosophes anciens, et Cicéron le premier entre tous, contribuèrent beaucoup par leurs écrits à faire prévaloir l'idée que les préceptes du droit des gens devaient être aussi bien pratiqués envers les ennemis qu'envers les alliés. Mais, dans son traité *de Officiis* (liv. III), Cicéron nie qu'il y ait des règles à observer avec les ennemis de l'humanité, les pirates ou rebelles qui exercent sur terre ou sur mer la contrebande ou le pillage ; ce qu'il enseignait comme philosophe, il le pratiqua comme orateur politique. Il s'opposa de toutes ses forces à une députation du Sénat vers Antoine, et, quand le Sénat, dont les vues si lumineuses étaient obscurcies par la tourmente de la guerre civile, eut ordonné cette députation, Cicéron refusa d'en faire partie (1). Tacite, l'historien philosophe, nous retrace, au livre III de ses Annales, l'indignation de Tibère quand il apprit que Tasari, un chef de pirates, lui avait envoyé une ambassade, et il traite d'arrogance la conduite de ce chef.

(1) Tite-Live, au livre VI, raconte qu'une colonie romaine envoya un jour des ambassadeurs au Sénat, mais qu'il leur fut ordonné de sortir sur-le-champ de Rome sous peine de rébellion, sans avoir égard au droit de représentation. « Ne nihil eos legationis jus, externo, non civi comparatum, tegeret. »

Sauf quelques exceptions, comme la députation à Antoine ou, plus tard, la célèbre entrevue entre Civilis et Cerialis sur le pont coupé de Wahal, les Romains ne reconnurent pas aux fauteurs et aux chefs des dissensions civiles le droit de leur envoyer des ambassades. Nous n'avions pas besoin, pour le savoir, que Gentilis nous dit que Catilina ne put jamais avoir de députés à Rome. Toutefois les révoltés, par un singulier détour, voyaient souvent ce droit reconnu en leur faveur. Les tribuns du peuple, messagers de la plèbe et ses défenseurs près de l'aristocratie, avaient, comme de véritables *legati*, un caractère inviolable et sacré, et ils trouvaient souvent, dans leurs fonctions, le moyen de faire parvenir jusqu'au Sénat les plaintes du peuple insurgé.

§ 3. — *Classification des agents diplomatiques.*

Les ministres publics avaient des caractères différents. Il y avait les Féciaux (*feciales*) (*caduceatores*) correspondant aux héraults grecs, les ambassadeurs proprement dits (*Legati populi Romani, Oratores*), les personnes attachées à l'ambassade (*asseclæ*). Il y avait des ambassades sérieuses et, à côté d'elles, une institution parasite connue sous le nom de *legatio libera*.

On a souvent observé et nous avons remarqué que les anciens ne connurent point les légations permanentes. C'est ici le moment de rectifier ce qu'il y a de trop absolu dans cette remarque. Le collége des Féciaux n'était-il point une institution toujours vivante? « Sainte institution s'il en fut jamais, s'écrie Bossuet dans sa troisième partie du « Discours sur l'histoire universelle, et qui fait « honte aux chrétiens à qui un Dieu, venu au « monde pour pacifier toutes choses, n'a pu inspi-« rer la charité et la paix. » Cette institution contribua pour beaucoup à maintenir la pratique des règles et de la procédure dans la guerre. A cet égard, elle mérite le tribut de l'admiration; car la procédure fait éviter les emportements et les excès du premier moment; souvent, par le laps de temps qu'elle impose, elle force l'esprit à la réflexion et éloigne les projets téméraires. Mais l'institution des Féciaux ne put inspirer, comme l'a cru le grand Bossuet, l'esprit de charité et de paix aux peuples de l'antiquité. Ce qui inspira plus que les Féciaux de tels sentiments aux Romains, ce fut la religion elle-même; il n'était point permis d'engager une bataille pendant les fêtes de Saturne. On a vu là l'origine de la trêve de Dieu au moyen âge : je serais assez porté à le croire. L'Église n'a-t-elle pas emprunté au paganisme le droit d'asile qui était attribué, dès le principe, aux temples des faux dieux et aux statues impériales?

Lorsqu'il ne s'agissait pas des cérémonies de la paix ou de la guerre, on avait recours à des ambassadeurs extraordinaires nommés par le Sénat et choisis dans son sein; plus tard, ils furent nommés par l'Empereur. Il en fut ainsi pour les négociations importantes, pour la conclusion des traités, et pour tous les cas d'arbitrage international dont Rome favorisa l'extension et où elle aimait tant à s'entremettre.

Je ne parle pas ici des otages, objet d'un gage odieux entre peuples, dont l'usage était, hélas ! si fréquent dans l'antiquité et dont le nombre fut souvent considérable ; on compta une fois, à la fin des Guerres puniques, trois cents des citoyens les plus qualifiés offerts à Rome par Carthage.

Les anciens connurent aussi des ministres publics dont les fonctions ont un certain rapport avec celles de nos consuls. On peut lire à ce sujet le travail de M. Tissot, *sur les Proxénies grecques et leur analogie avec les consulats modernes*. Mais c'est là une institution plutôt grecque qu'italienne, qui se pratiquait dans les *emporia* ou marchés à grains, situés dans les ports de la Méditerranée orientale. Les Romains ne paraissent point avoir favorisé son développement. D'ailleurs tout le monde sait qu'à Rome les étrangers avaient un juge spécial, le préteur pérégrin, qui tranchait leurs différends d'après le *Jus gentium*.

Un abus bien remarquable des légations existait dans les *Legationes liberæ* qui étaient tout à fait du goût des patriciens. Les sénateurs qui avaient quelque affaire dans les provinces ou hors de l'empire, comme une succession, une villa à visiter, un comptoir à contrôler, ne se contentaient point de prendre un congé du Sénat. Ils se faisaient donner le titre d'ambassadeurs; les légations fictives étaient appelées *liberæ* parce que ni la fonction, ni le temps, ni le lieu n'en étaient déterminés. C'était une légation sans affaire, ni commission publique. Mais il n'y avait pas là une distinction purement honorifique. Ce n'était pas un vain titre que recherchaient les patriciens, ces hommes d'un sens si pratique et économes parfois jusqu'à l'avarice. Ils voulaient, à l'aide de cette faveur, faire un voyage d'affaires ou de plaisir aux dépens de l'État. Quelquefois la *legatio libera* prenait le nom de *legatio votiva* lorsqu'elle avait lieu pour accomplir un vœu réel ou simulé. L'abus de ces légations onéreuses pour le trésor fut blâmé vertement par Cicéron : « N'est-ce pas une chose honteuse, dit le grand orateur au traité *de Leg.*, qu'une ambassade qui n'a pas pour objet le service de l'État? Qu'est-ce qu'un ambasadeur sans instruction et sans aucun ministère qui se rapporte à la République? » Pendant son consulat, il en fit restreindre la durée à un an, et, sans l'opposition déplacée d'un tribun, il eût même réussi à supprimer complètement cet abus. La durée restreinte ainsi fut enfin fixée par la loi *Julia de legationibus* (*Suet. Cæs.*, c. 42).

§ 4. — *Missions secrètes.*

L'emploi des messagers secrets et des ruses de guerre n'a jamais été fréquent chez les peuples encore en enfance; aussi n'est-il pas étonnant qu'un peuple fier comme les Romains, aux temps vertueux de la gloire républicaine, ait répudié son emploi dans la guerre. Ainsi les Romains n'estimèrent point la victoire du consul Servitius Pœpia sur Viriate parce qu'elle avait été achetée, et Tacite a pu consigner avec un certain orgueil : « *Non fraude neque occultis, sed palam et armatum populum romanum hostes suos ulcisci* ». Il y a dans cet éloge une grande part d'exagération et de vanterie nationale. L'insinuation incessante des Romains dans les affaires de leurs voisins, les semences de division qu'ils surent habilement y entretenir étaient déjà, sous la République, des moyens frauduleux : Et, sous la décadence qui suivit les beaux règnes de l'empire, on peut trouver plusieurs cas où les Romains eurent directement recours à la trahison et aux missions secrètes. J'ai déjà eu l'occasion de citer un auteur très-précieux pour nous, A. Marcellin. Dans son récit vif et piquant de l'expédition de Perse, il nous en fournit un exemple intéressant, dans une circonstance où lui-même fut employé : « Il y avait en ce temps, « dit-il, un satrape de la Cordouenne soumise à la « puissance des Perses. Il s'entendait secrètement « avec nous, par la raison qu'ayant été en otage « en Syrie et entraîné par la douceur des lettres il « souhaitait personnellement de revenir au milieu « de nous. Je lui fus député avec un centurion de « confiance pour découvrir plus exactement encore

« ce qui se passait. Dès qu'il m'eut reconnu et reçu « avec politesse, je m'ouvris à lui sans témoin sur « le motif de mon voyage... Il me donna un guide « sûr et fidèle... pour me conduire à de hauts « rochers éloignés de là... Nous y passâmes deux « jours entiers, et le troisième jour, dès que le « soleil parut, nous vîmes la terre couverte d'in« nombrables bataillons. » Comme on le voit il y a dans ce fragment un exemple curieux d'espionnage. Qu'est, en effet, le rôle d'A. Marcellin et du centurion qui lui fut attaché, sinon le rôle de deux espions? Et qu'est-ce que ce satrape, sinon un traître qui s'entend secrètement avec l'ennemi et dont l'ennemi accepte les services occultes? L'historien lui-même laisse percer dans son récit le sentiment de mépris que lui inspire la conduite de ce fonctionnaire; et il l'attribue aux bons traitements et à la civilisation romaine. — Cet exemple n'est pas le seul que nous connaissions : Godefroy, dans son commentaire de la loi IX *Si quis*, au titre *de legatis* code Théod., parle d'une députation qui fut secrètement envoyée par un prince étranger à Valentinien. Et Cerialis n'aurait point vaincu Civilis retranché dans sa redoutable position de Vetera, s'il n'eût accepté l'office de quelques transfuges qui, par des gués qui leur étaient connus, amenèrent deux ailes de cavalerie romaine sur les derrières de Civilis.

§ 5. — *Nombre des ministres.*

Aujourd'hui à la permanence des ambassades correspond l'unité de l'ambassadeur; sauf pour les négociations importantes comme le congrès de Rastadt à la fin du dernier siècle ou de nos jours le traité de Francfort; chaque État a coutume d'entretenir des rapports avec un autre état par l'intermédiaire d'un seul ambassadeur. L'usage de l'antiquité au contraire était la pluralité des négociateurs respectifs. Quelle en était la cause? L'exemple des députés Lacédémoniens et du roi Démétrius, emprunté à l'histoire grecque par M. Egger, nous porterait à croire que les anciens voyaient dans cette collectivité une marque d'égard envers le souverain à qui était envoyée la députation. Peut-être aussi étaient-ils heureux de faire ressortir par la splendeur et l'importance de leur mission, la grandeur même de leur puissance et l'étendue de leur empire. Peut-être l'esprit méfiant de leur patriotisme se refusait-il à l'idée d'un ambassadeur unique(1). Enfin, dans le temps où les ambassades étaient discontinues et volontaires, on évitait par là dans les négociations le retard qu'eût produit la mort d'un seul *legatus*. Mais d'autre part ce sys-

(1) Le système de la pluralité, adopté par les Romains, a été conseillé par Philippe de Commines. Un ambassadeur peut ainsi, il lui semble, réparer les fautes ou suppléer aux négligences de l'autre.

tème présentait plusieurs inconvénients et, avant tout, il augmentait les chances d'une divulgation indiscrète des affaires de l'État. Quoi qu'il en soit, le Sénat romain avait pour principe de n'envoyer presque jamais moins de trois ambassadeurs. Dix était le chiffre ordinaire. C'était le nombre officiel pour assister un général en chef. Les députations des Féciaux étaient moins considérables. Pour les préliminaires de la paix, on en vit rarement plus de deux envoyés vers l'ennemi (Tite Liv., XXX, 43 ; XXVIII, 43).

§ 6. — *Choix des personnes.*

On est frappé quand on pense à quels devoirs est soumis un ambassadeur et combien la valeur de son choix importe à l'État. Les anciens ne négligèrent point cette partie de leur gouvernement et ils furent généralement très-habiles dans leurs choix. Lauterbach prétend qu'ils envoyèrent souvent de jeunes gens comme ambassadeurs : « *Romani,* dit-il, *qui legationis mittendæ arbitri circumspectissimi fueurint etiam adolescentes misisse leguntur.* » Lauterbach fait ici évidemment une méprise ; il confond les ambassadeurs avec les *legati* provinciales qui pouvaient se faire remplacer par leurs fils. Certes Démétrius qui s'irritait de l'envoi d'un seul ambassadeur par les Lacédémoniens se serait encore plus courroucé de l'envoi qu'eux ou d'autres peuples lui auraient fait d'un jeune ambassadeur, quand même celui-ci eût trouvé une réponse aussi heureuse que celle d'un envoyé français au Sultan (1). Le Sénat qui choisissait les *legati* P. R. dans son sein devait forcément les choisir d'un certain âge, et l'on sait d'ailleurs qu'à Rome aucune fonction publique ne pouvait être exercée avant quarante ans. D'autre part les Féciaux, obligés de subir un long noviciat, ne pouvaient parvenir à la dignité sacerdotale qu'à un âge déjà mûr. Ce n'est donc point parmi la jeunesse que Rome recruta ses représentants.

S'il s'agissait d'une mission militaire, les anciens avaient soin de nommer des hommes de métier ou de les adjoindre à l'ambassade.

En plusieurs occasions ils eurent même recours au ministère des femmes comme ambassadrices. Sans remonter aux origines et à l'entremise des femmes sabines, on connaît la célèbre députation de Veturie et de Volumie à Coriolan ; et ne voit-on pas que Rome, dans les moments critiques, sut faire appel aux sentiments les plus divers, à l'intimidation, à la terreur, comme aussi à l'amour de la famille?

Les Romains, si exigeants pour les qualités morales, ne craignaient pas d'envoyer des ambassadeurs difformes, surtout quand ces difformités prove-

(1) « Je ne sache pas, répondit-il au sultan, que la barbe donne du courage et de l'esprit, et les boucs, plus barbus que les hommes, n'en sont pas pour cela plus prudents ni plus sages. » V. cette réponse piquante dans la dissertation de Lauterbach, *De nuntio*.

naient de glorieuses cicatrices. C'est ce que nous prouve le trait suivant emprunté par A. Gentilis à Plutarque. Dans une ambassade on remarquait deux représentants dont l'un était difforme et l'autre avait le visage défiguré par des blessures. Caton s'en moqua par ce jeu de mots : « *Mittit populus romanus legationem quæ nec caput nec pedes habet.* »

L'éloge que nous venons de faire des Romains serait toutefois immérité s'il fallait attacher foi à un passage de Tacite au livre IV de ses Histoires, passage ainsi conçu : « *Magnam in senatu agitatam controversiam si electione an sortitione sumi legati debuissent, qui Vespasium occurrerent et quod pars vicerit sortiri legatos secundum vetera exempla voluerint.* » Mais Gentilis qui cite le fragment déclare que, malgé l'assertion de Tacite, il ne connait point d'autre exemple d'un pareil choix de *legati;* et le silence des textes est d'autant plus significatif qu'il y est maintes fois parlé d'autres fonctions pour la nomination desquelles le sort décidait. J'ajouterai qu'il ne s'agit pas ici d'une véritable ambassade mais d'une simple députation à Vespasien.

A la fin de l'empire, quand les armées débordées ont perdu leur prestige, Rome tourne ses regards vers la seule force morale restée debout et qui puisse en imposer aux barbares. On voit alors les assemblées provinciales, élevées par l'empereur à l'état de conseils nationaux, recourir à l'autorité de la religion et les princes de l'Église, commençant l'inauguration du régime municipal ecclésiastique, sont nommés par ces assemblées pour aller défendre les intérêts de leurs fidèles contre les ennemis du dehors ; plus d'un, comme saint Epiphane, y expose sa vie et ne recule pas devant de longs voyages. Les évêques deviennent ambassadeurs ; ils sont chargés de la rédaction des traités. On voit saint Epiphane et l'évêque de Marseille, Græcus, revêtus de ce caractère, consentir la cession de l'Auvergne pour reculer une invasion universelle. On voit des archevêques, comme Laurentius de Milan, aller vers les rois barbares exercer leur ministère de protection. Bientôt même viendra le temps où un évêque de Ravenne, pour éviter de nouveaux désastres à l'Italie, réconciliera deux chefs barbares, Odoacre et Théodoric.

§ 7. — *Pleins pouvoirs et instructions.*

Rome connut la distinction entre les simples ministres publics et les plénipotentiaires : ceux-ci ayant droit de faire *quod e republica fideque sua esset*, les autres obligés de suivre de point en point les prescriptions du Sénat. D'ailleurs Rome eut peu recours aux plénipotentiaires dont le choix exige une confiance aveugle dans la personne du *legatus*.

Rien de plus fréquent dans les chancelleries modernes que l'usage d'instructions écrites, expédiées par chaque puissance à ses représentants. Dans l'antiquité où les ambassades n'étaient point permanentes, le même besoin ne se faisait pas sentir. Le fécial prononçait toujours la même formule et l'ambassadeur recevait de vive voix, avant son départ, les instructions du sénat. Les lettres de créance étaient aussi peu utiles : car, s'agissait-il d'une ambassade envoyée par les ennemis, elle devait être annoncée à l'avance; d'autre part les Féciaux étaient connus par leurs vêtements blancs et la couronne de verveine qui ceignait leurs fronts, les *legati* par leurs robes de pourpre; toutefois les ambassadeurs étaient toujours porteurs de *litteræ* qu'ils devaient remettre au souverain vers qui ils étaient envoyés. Nous lisons dans Aulu-Gelle que « Fabius dux legationis dedit ad Carthaginienses « epistolam ubi scriptum fuit populum Romanum « misisse ad eos hastam et caduceum, signa belli « aut pacis... » Amnien Marcellin dit en parlant de *legati* : « Ils présentèrent les lettres de l'empe- « reur. » Nous possédons une constiution de Valentinien à Victor « dux Ægypti, relative aux nations voisines de l'Egypte et insérée au code Théodosien. Cet empereur veut que leurs ambassadeurs, dès qu'ils sont arrivés aux frontières de l'empire, fassent viser leurs lettres de créance : « Cum legati gentilium venerint, obsignari eo- « rum tabulas oportet. » Et Valentinien ne voulut point écouter les ambassadeurs qui se disaient secrètement envoyés, parce qu'ils n'en avaient pas de preuve écrite. Enfin pour mieux faire ressortir l'usage constant des *litteræ*, je citerai quelques extraits de Petrus Magister : « (Valerianus) ad eum « (ad Saporem) mittit cum litteris quibus eum ora- « bat... » et de Priscus : « Attilas..... *litteras* ad « imperatorem scripserat..... Edecon in palatium « admissus, imperatori litteras Attilæ reddidit. »

§ 8. — *Sauf-conduit.*

Il arriva plusieurs fois que les *legati* d'un peuple vers un autre, durent traverser le territoire de la République. Lorsque cette ambassade était étrangère aux Romains, ceux-ci lui accordaient librement le passage. Si parfois ils s'écartèrent de ce principe, ce fut par crainte d'une alliance secrète fomentée contre eux : par ce motif, ils arrêtèrent les envoyés de Philippe à Annibal, bien que Philippe ne fût point alors leur ennemi déclaré. Encore ces *legati* furent aussitôt relâchés (Justin., liv. XXIX, chap. 24).

§ 9. — *Cérémonial diplomatique.*

Il serait intéressant de bien connaître le cérémonial diplomatique usité chez les anciens, j'en dirai quelques mots. Lorsqu'une insulte avait été faite à la dignité nationale, plusieurs féciaux étaient députés pour en demander réparation. L'*orator* ou *paterpatratus* qui prononçait la sommation marchait la tête couverte d'un voile blanc de laine et ceinte d'une couronne d'herbes cueillies au Capitole. Le voile était le symbole de la justice, sa blancheur signifiait la foi, et les herbes du Capitole rappelaient la patrie ; si les féciaux ne pouvaient obtenir la réparation, en signe de rupture, ils se déchiraient les vêtements, s'en retournaient à Rome et rendaient compte de leur mission au Sénat ; discussion s'engageait, puis la guerre était déclarée. C'était encore aux féciaux à en porter la déclaration, une ambassade sacerdotale se rendait donc près du peuple hostile, 33 jours au moins après la demande de réparation, et là, le *paterpatratus* lançait une pique dans le champ ennemi en prononçant une formule consacrée (1). Dans la suite, cette démarche fut remplacée par une cérémonie symbolique près du temple de Bellone. Les féciaux participaient aussi aux cérémonies de la paix et faisaient pour son rétablissement des démarches officielles ; lorsque la paix était conclue à Rome, la cérémonie avait lieu sur la voie Sacrée ou dans le temple de la Concorde, les envoyés ennemis se présentaient avec des rameaux d'olivier : Dumont, dans la préface du Corps diplomatique, a retracé l'effigie d'une médaille représentant ainsi deux envoyés qui demandent la paix à Auguste. Le chef des féciaux, le *paterpatratus*, prêtait serment au

(1) Ex. « Quod populus Romanus homines que populi Sommitum adversus populum Romanum bellum fecere deliquereque, quodque populus Romanus enim populo Sommitum hominibus que Sommitibus bellum jussit, ob eam rem ego populusque Romanus populo Sommiti hominibusque Sommitibus bellum indico facioque. »

nom du peuple Romain et le traité devenait sacré. Pour le célébrer on faisait le sacrifice d'une truie (Suet. Tibère, ch. 25) : « Fœdus in foro icit. Porca « cæsa ac vetere fecialium præfatione adhibita. » Cet usage n'était pas spécial aux Romains et on le trouve chez les Hébreux.

Sous le Bas-Empire, ces anciennes pratiques disparurent avec le paganisme. La relation de Priscus, si intéressante à tant de rapports, nous permet de suivre par la pensée les règles du cérémonial diplomatique à la cour de Byzance. Les ambassadeurs étaient introduits par le « magister officiorum. « Legatos Enphemius introduxit. Is magistri offi- « ciorum dignitatem adeptus. » Une fois introduit, ils présentaient leurs salutations à l'empereur et lui remettaient les titres de leur souverain. « (Ede- « con in palatium admissus imperatori litteras « reddidit. » Si ces *litteræ* n'étaient point écrites en grec, on les traduisait séance tenante devant l'empereur. « His litteris lectis, digresso Edecone « cum Bigula qui ea quæ Attilas verbis imperatori « denuntiari voluit interpretaturus venerat, etc... » J'aurais été curieux de savoir par quels signes les *legati militares* (parlementaires) se faisaient reconnaître. Malheureusement mes recherches sur ce point sont demeurées infructueuses. La lecture d'A. Marcellin m'a cependant prouvé que les anciens se servaient, comme nous, de signaux à la guerre, et j'ai lieu de présumer que cet usage devait aussi exister quand se présentaient des parlementaires.

Souvent dans le langage moderne, on dit qu'un homme est livré pieds et poings liés à son ennemi, c'est là aujourd'hui une métaphore; c'était autrefois une triste réalité. Lorsqu'ils s'agissait de livrer un coupable à un peuple étranger, les féciaux le conduisaient au camp ennemi. Ils ordonnaient de le dépouiller de ses vêtements et de lui lier les mains derrière le dos. Puis ils le remettaient ainsi les poings liés (1). Tel fut le sort réservé au consul et aux tribuns qui avaient subi la honteuse capitulation des Fourches caudines. Des voix éloquentes ont justement flétri ces pratiques inhumaines de l'antiquité (2).

§ 10. — *Archives.*

Les traités de paix, une fois conclus et signés, étaient déposés dans le trésor public par les soins des questeurs. C'est du moins ce que nous laisse entendre un décret cité plus haut, en faveur des Juifs. Ils étaient transcrits sur des tablettes qui se pliaient en deux et numérotés dans des armoires ou cassettes. Quelque valeur qu'on doive attacher à ces renseignements, il est certain qu'au Capitole étaient rassemblées les archives de l'Etat; grâce à

(1) Barbeyrac, dans ses notes sur Grotius, rapporte un passage de Nonius Marcellus où se trouve consigné un fragment de Varron, relatif à cet usage. Voici : « Idem (Varro), l. III, De vita po- « puli Romani : Si cujus legati violati essent, qui id fecissent, « quamvis nobiles essent, uti dederentur civitati statuerunt, ve- « nialesque viginti, qui de his rebus cognoscerent, judicarent et « statuerent, constituerunt. »

(2) Le réquisitoire de M. Dupin dans l'affaire Jauge.

cela, furent sauvés un grand nombre de traités lors de l'incendie de Rome par les Gaulois. Plus tard, Vespasien qui reconstruisit le Capitole put encore y rassembler trois mille tables de bronze contenant les actes publics les plus anciens. Mais ils ne paraît pas que l'érudition des Romains ait su tirer parti de si précieuses richesses, et il fallait que de son temps, Polybe vînt de la Grèce pour lire, dans le Capitole, les traités faits jadis entre Rome et Carthage, tous actes dont l'existence n'était pas même soupçonnée par ceux qui pouvaient les consulter chaque jour.

Rome n'était pas la seule ville qui possédât des archives. Les villes grecques en avaient de semblables, sous le nom de γραμματεῖον, et M. Egger (1) a consacré un chapitre de son ouvrage aux documents extraits des archives de la ville de Téos et concernant son droit d'asile. Peut-être aussi viendrait-elle des archives de l'antique Gênes, cette table d'airain contenant une sentence arbitrale des Romains dans un différend entre les Gênois et leurs voisins, tablette dont parle Dumont et qui, d'après lui, se trouverait dans une église de Gênes.

§ 11. — *Devoirs de l'ambassadeur.*

Le premier devoir de l'ambassadeur est la discrétion. « Quand on veut exécuter un projet, disait Amilcar, il n'en faut parler à personne ; car il n'est

(1) Etudes historiques, page 250.

pas d'homme assez maître de lui-même, pour garder un secret et l'ensevelir dans le silence; au contraire plus vous recommandez de ne point le révéler, plus on désire le faire connaître. Chacun croit l'avoir seul appris d'un autre, et il est bientôt divulgué. « On ne pourrait mieux faire ressortir l'importance de ce devoir si essentiel à l'ambassadeur et la difficulté de l'observer. Aussi les anciens comme les modernes avaient-ils voulu le sanctionner par une pénalité sévère. Assimilant aux transfuges les ambassadeurs qui trahissaient les secrets de l'Etat, ils les condamnaient à la peine du feu ou de la pendaison. « Transfugæ ad hostes « vel consiliorum nostrorum renuntiatores aut « vivi exuruntur aut furcæ suspenduntur » (loi 38 § 1 ff. *de pœnis*). Les Romains poussaient même très-loin le sentiment de la discrétion et du secret diplomatique. Et quand les ministres d'Attila demandèrent aux envoyés Byzantins le but de leurs missions, ceux-ci en témoignèrent une vive indignation. « Nos vero obtestari, dit Priscus, nus-« quam hanc legem legatis impositam ut mandata « edant et palam faciant, antequam eos ad quos « missi sunt adierint, et in conspectum eorum « venerint. Neque hoc Scythas nescire qui sæpe « numero legatos ad imperatorem miserint. »

Un autre devoir non moins important des ambassadeurs est la fidélité et l'intégrité dans leur mission, la corruption était punie par la loi 1 pr. ff. *de lege julia repetundarum* (48, 11). On a discuté pour savoir si, comme en Grèce, il était défendu aux ambassadeurs romains de recevoir des présents de l'étranger, je n'ose me prononcer ; en tout cas, les envoyés étrangers à Rome recevaient souvent des cadeaux du gouvernement romain (1).

« Chez les Grecs, nous dit Quintilien au chap. 4 du livre VIII de ses Institutes oratoires, on intentait souvent des actions sérieuses contre ceux qui s'étaient mal acquittés d'une ambassade et on examinait souvent en droit, s'il est permis ou non à un envoyé de dépasser son mandat et jusqu'où ce mandat peut s'étendre. » Les Grecs avaient pour cela un tribunal, le conseil Amphyctionique ; à Rome, d'après une loi qui remontait à Numa, le tribunal des féciaux avait connaissance de tous les délits relatifs à l'exercice du droit d'ambassade (Denys d'Halicarnasse, Antiquités Romaines, II, 72). Mais il ne paraît pas, d'après les historiens, que ces délits donnèrent lieu à Rome à de fréquents procès. Ils fournissaient plutôt des sujets de déclamation aux écoles des Rhéteurs ; c'est probablement à ce genre de travaux que Cicéron emprunte les exemples cités dans son traité *De inventione*, exemples tirés de l'histoire, et qui, avant de devenir des sujets de déclamation, avaient pu, soit devant le sénat, soit devant le tribunal des féciaux,

(1) V. p. ex. Histoire de France, par M. Guizot, p. 30 : « On y verra comme présents offerts à des députés Gaulois deux colliers d'or, cinq vases d'argent, deux chevaux caparaçonnés, des habits romains pour toute leur suite. » V. aussi le même ouvrage à la page 51.

donner lieu à de sérieux débats. Aussi croyons-nous utile de les reproduire ici.

Le 1er exemple concerne bien le droit des gens, mais il n'a pas trait directement au devoir des ambassadeurs. Il s'agit d'un général qui, enveloppé par les ennemis et dans l'impuissance de s'échapper, capitule et convient d'emmener ses soldats avec armes et bagages. Ce général doit-il être accusé de lèse-majesté? Tel est le plaidoyer dont s'occupe Cicéron; mais on comprend que si pareille imputation devait être portée contre le général, la même accusation pouvait être dirigée contre ses complices, les *legati militares* qui avaient débattu avec l'ennemi les conditions de la capitulation.

Dans le 2e exemple, Cicéron suppose que les Rhodiens ont envoyé des ambassadeurs aux Athéniens. Les questeurs n'ont point remis à ces députés l'argent dont ils avaient besoin, ils ne sont point partis, disant qu'ils n'avaient point reçu des questeurs les frais de voyage qui doivent se prendre sur le trésor public. Devaient-ils partir? Chargés d'un mandat public avaient-ils dans cette faute des questeurs une raison suffisante pour se dispenser de remplir leurs devoirs? Telle est la cause que Cicéron suppose déférée aux tribunaux, et qui eut pu aussi bien se présenter à Rome que dans l'île de Rhodes.

Enfin, dans le 3e exemple, il examine si un homme de la suite d'un ambassadeur doit être traité comme son chef et livré comme lui à l'ennemi, bien qu'il n'ait aucun caractère officiel et public; tel est le sujet que lui fournit un trait de l'histoire romaine. Lors du traité conclu avec les Samnites, un jeune homme de famille patricienne tint la victime *(porcam sustinuit)* par ordre du général. Le Sénat refusa de ratifier le traité : le général fut livré à l'ennemi. Un sénateur proposa de livrer aussi celui qui avait tenu la victime : Cicéron examine ensuite quel réquisitoire avait pu faire le sénateur et quel plaidoyer aurait pu être prononcé en faveur du jeune patricien.

§ 12. — *Droits et prérogatives de l'ambassadeur.*

Nous avons eu peu de choses à dire sur les devoirs des ambassadeurs, les documents sont plus riches en ce qui concerne leurs droits; grâce aux historiens, on peut embrasser dans son ensemble la doctrine, qu'à cet égard pratiquaient les Romains. Parmi les prérogatives du corps diplomatique, il en est trois qui attirent surtout l'attention : je veux parler de l'inviolabité, de l'exterritorialité et des droits honorifiques. Ces trois prérogatives existaient dans l'antiquité.

Rome reçut toujours avec de grands honneurs les envoyés des autres peuples. Ils voyageaient aux frais de la république. Le *cursus publicus* les amenait dans la capitale. On les logeait dans des maisons spécialement affectées à cet usage ou dans les hôtels garnis que louaient pour cela les questeurs. Hors de Rome, l'hospitalité leur était offerte par le *parochus*. Dans l'intérieur de la ville, les empereurs leur offraient des repas somptueux et des fêtes magnifiques (1). Au théâtre, ils occupaient la place des sénateurs. Au reste, Rome ne faisait en cela que suivre l'usage général d'alors, et les nations alliées rendaient aussi de grands honneurs à ses représentants. Elle-même les défrayait de tout jusqu'à ce qu'il eussent atteint les limites de son empire. Les ambassadeurs, à Rome, avaient aussi le privilége de porter l'anneau d'or dans le temps où les sénateurs et les chevaliers n'avaient pas encore ce droit (2). Ils avaient un vêtement distingué. Selon quelques-uns, il était de pourpre dans les négociations politiques. C'était, au contraire, une robe blanche, quand il s'agissait de devoirs de politesse et de convenance internationale.

Les priviléges extérieurs ont déjà leur importance, car ils marquent des égards mutuels et la reconnaissance de la souveraineté des nations. Toutefois, ils ont peu de valeur à côté du grand principe d'inviolabilité qui fait la base du droit des gens. Les Romains ont été très-rigoureux dans l'observation de cette règle. Leurs lois ont toujours

(1) Ces priviléges étaient aussi accordés aux princes de l'Eglise députés par chaque province et réunis en conseil. A Nicée, on fournit aux évêques assemblés et à leur suite toutes les choses nécessaires par ordre de l'empereur. V. à ce sujet l'histoire de l'Eglise, par Rahrbacher.

(2) Pline, liv. XXII, c. 3, et liv. XXXIII.

défendu de manquer de respect aux ambassadeurs, et cela sous les peines les plus rigoureuses. La loi Julia, qui forme le dernier paragraphe du titre *de legationibus*, au Digeste, frappait ceux qui faisaient quelque injure aux *legati hostium*, et les coupables étaient abandonnés à la discrétion du peuple offensé dans la personne de ses représentants. On trouve dans les annales de Rome plusieurs exemples de l'application de cette peine. Qu'il me suffise de citer deux traits de l'histoire rapportés par Rollin : d'abord, la condamnation de M. Myrtilius et de L. Manlius, qui, accusés d'avoir porté la main sur des ambassadeurs carthaginois, leur furent livrés par ordre du préteur de la ville; et surtout l'exemple des ambassadeurs d'Apollonie, qui, dans une querelle, furent insultés par de jeunes sénateurs. Le sénat livra les coupables, sans avoir égard même à leur dignité, car l'un d'eux était édile.

Rome, fidèle à respecter l'inviolabilité des *legati hostium*, exigea la réciprocité dans ses rapports internationaux. Plus d'une guerre fut déclarée comme seule sanction possible de ce principe. Tel fut le cas de Fidène, qui se rangea du côté des Veiens, et, après sa révolte, eut l'audace de tuer les ambassadeurs romains. Mais, une fois la satisfaction obtenue, Rome aimait à se signaler par une générosité grandiose. Ainsi, les ambassadeurs romains ayant été maltraités par les Carthaginois, on amena à Scipion les envoyés de Carthage, et on lui demanda quel traitement il leur infligeait. Il répondit qu'il ne ferait rien qui pût ressembler à l'odieuse conduite de Carthage envers les délégués romains.

L'inviolabilité diplomatique parut tellement sacrée aux anciens, qu'ils reconnurent la nécessité de l'observer même envers les ennemis, et nous lisons dans la huitième Verrine de Cicéron : « Legatorum jus divino humanoque vallatum est præsidio, « cujus tam sanctum et venerabile nomen esse debet ut non modo inter sociorum jura sed et hostium tela incolume versetur. » Comme on le voit, même après la déclaration de guerre, Cicéron enseigne que le principe doit être respecté.

Le corollaire le plus direct de l'inviolabilité est l'exterritorialité, c'est-à-dire le droit pour les *legati* d'être exempts de la juridiction du lieu où ils sont envoyés. Les textes abondent sur ce privilége. Je sais bien qu'ils ont trait aux *legati provinciales*, mais ils me semblent applicables *a fortiori* aux ambassadeurs, comme le prouve l'exemple des députés de Tarquin (1). J'en parlerai plus loin, dans le second chapitre. Je dois cependant regretter que Cicéron n'ait pas traité plus longuement, dans son Traité des inventions, les questions de récusation, et qu'il ait omis de signaler des exemples de ce genre de causes. Il eût vraisemblablement parlé des ambassadeurs. On peut aussi appliquer aux ambas-

(1) Dalloz se plaint que les lois romaines ne s'expliquent pas clairement sur la question de savoir si les ambassadeurs sont soumis à la juridiction du pays où ils sont envoyés.

sadeurs les règles concernant les absentes *republica causa*, telles que les actions publicienne et contre-publicienne.

Enfin, il est un texte sérieux que je dois signaler : c'est la loi 8 C. *de Vectig. et Commiss.*, constitution du Bas-Empire adressée par Gratien et Théodose au *comes sacrarum largitionum*. Elle est relative aux *legati gentium devotarum*, c'est-à-dire aux envoyés des nations alliées ou tributaires. Elle les soumet à l'impôt pour les marchandises importées par eux sur le territoire de Rome, mais leur donne le droit de franchise pour celles qu'ils exportent : « Quas vero ex Romano solo ad propria deferunt has habeant a præstatione immunes ac « liberas. »

Les diverses prérogatives que nous venons de signaler rapidement n'étaient point réservées aux chefs de la mission. Elles étaient données à sa suite, composée des ambassadeurs et des simples comites, ainsi qu'on peut le voir dans la loi 7, ff. *ad legem Juliam de vi publica*, 48, 6 (*legato, oratores, comitisve*). Les bagages eux-mêmes étaient inviolables.

§ 12. — *Politique romaine.*

Après avoir examiné quels furent le caractère et les fonctions des agents de la politique romaine, ce serait le moment de nous demander quelle fut cette politique en Italie et hors de l'Italie. Mais jamais question n'a plus divisé les historiens et les philosophes. D'un côté, Duaren et Mommsen ont fait l'éloge de cette politique. Duaren attribue à la bonne foi des Romains leur prodigieuse fortune. Mommsen dit que la politique de Rome ne fut point inspirée par un but d'avarice, d'ambition ou de conquête, mais par le droit de légitime défense. Bossuet a aussi chanté les vertus des Romains. Dernièrement encore, M. Achille Morin (1) opposait à la perfidie grecque et aux procédés carthaginois la maxime romaine : « Etiam « hosti fides servanda. » Mais Montesquieu, qui à lui seul vaut toutes les autorités, a été très-sévère dans son appréciation. Au chap. 6 de la *Grandeur et Décadence des Romains*, il montre leur mauvaise foi lorsqu'ils détruisirent Carthage. Il fait voir l'esprit insinuant et orgueilleux du Sénat, et il flétrit ses agissements trompeurs : « Leur coutume étant de « parler en maître, leurs ambassadeurs qu'ils en« voyaient chez les autres peuples qui n'avaient « point encore senti leur puissance étaient sûre« ment maltraités; ce qui était un prétexte sûr « pour faire une nouvelle guerre. » Machiavel a donné à la politique romaine des éloges qui se fondent sur des considérations pratiques, et il y en a une notamment, « que les promesses forcées peu« vent se rompre; mêmement celles qui regardent « et concernent le bien publique, si tost que la « force est passée, peuvent estre violées sans crime « de celui qui le fera. »

(1) V. le livre de cet auteur : Les lois relatives à la guerre.

§ 13. — *Influence du droit romain sur le droit des gens moderne.*

L'influence du droit des gens romain sur le droit des gens moderne fournirait un beau sujet d'étude qui demande, hélas! une plume plus habile que la nôtre. L'analyse des auteurs modernes en fournirait la base naturelle. En effet, les publicistes peuvent être divisés en deux écoles : une école historique et une école dogmatique. Dans celle-ci, le droit romain n'a exercé qu'une autorité très-indirecte. Il n'en est pas de même pour la première école, à laquelle appartiennent les Machiavel, les Gentilis, les Grotius, les Bynkersöck et les Wattel (1). Il serait trop long d'énumérer ici toutes les citations que ces écrivains ont empruntées aux lois de l'ancienne Rome pour en faire la base de leur doctrine. Qu'on me permette cependant de citer la charmante préface que Machiavel a placée en tête de ses Discours sur l'état de guerre et de paix :

« Souventefois, j'ay considéré en moy même « l'honneur étrange que l'on porte à l'antiquité, « voire jusques à rachapter à gros deniers un frag- « ment d'une vieille image, que l'on garde après « en cabinet comme une précieuse relique; l'on « montre aux gens par grande excellence, et ceux

(1) Cependant Wicquefort, qui appartient à la seconde école, semble avoir peu ressenti l'influence du droit romain : cela tient peut-être à la forme de son ouvrage, rédigé sous forme de mémoires.

« du mestier se tiennent bien fiers d'en avoir la vüe « pour y prendre patron. D'autre part, je me suis « grandement esbahy de nous voir quasi adorer les « hauts faits et vertueux de tant de royaumes, ré- « publiques anciennes..., et ne voir personne qui « preigne peine de les ensuyvre... D'où vient cela? « Je crois qu'il procède en partie de la couardise, « vilainie et lascheté à laquelle nous sommes venus « par la nourriture de notre temps, trop délicate et « ambitieuse; en partie par ignorance d'histoire et « faute de n'en lire les livres ou de ne les entendre « au fond et bien savourer et gouster; car la plu- « part de ceux qui les manient ne cueillent que la « fleur tendre des amours, des armes, morts, triom- « phes et accidents divers qui s'y voient; laissent « le fruit principal de leurs moyens et prudentes « conduites dans leurs affaires, que surtout il faut « connoitre et en user au besoing, etc... Mon entre- « prise tend, en somme, à faire ouverture du moyen « qu'il convient à tenir pour tirer profit de l'his- « toire. » L'impulsion donnée par Machiavel fut suivie par les publicistes qui vinrent après lui. Lisez par exemple Wattel, le plus sobre en réminiscences historiques : vous y verrez, à chaque chapitre de son livre, l'influence du droit romain manifestée par un trait de l'histoire de ce peuple. Il est évident que Wattel a emprunté aux usages et au droit diplomatique des Romains ses théories sur le traitement à infliger aux ambassadeurs suspects ou conspirateurs, sur les représailles envers l'ambassadeur ennemi, sur les limites de l'inviolabilité, sur les missions secrètes, etc. Et si l'on pense que ces écrivains ont pu, à bon droit, être appelés les créateurs du droit des gens moderne, comment douter après cela que le droit romain ait exercé sur la législation internationale une influence considérable (1)? Ne possédons-nous pas un mémoire de l'abbé Barthélemy sur le partage du butin chez les anciens, mémoire qui lui fut demandé par lord Stanley, lors des débats que soulevèrent les fortunes des généraux des Indes! Et les écrivains contemporains qui ont cherché dans les souvenirs de l'histoire antique les principes et la pratique de la diplomatie se sont-ils donc proposé un but abstrait d'érudition? Non, eux-mêmes le reconnaissent, ils ont voulu « propager des notions plus justes sur un « sujet toujours digne de l'attention des légistes, « surtout ceux qui sont mêlés à la pratique du droit « des gens. » C'est que, de quelque côté qu'ils se retournent, ils aperçoivent la chaîne qui relie les temps. « On ne me prêtera pas, dit M. Egger, l'am« bition de m'ériger en avocat consultant des par« lements et des princes, sur des matières de droit « public. Seulement je pense et je voudrais avoir

(1) M. Faustin-Hélie (t. II, p. 528, l. c.), exposant le système le plus large qui ait été enseigné sur l'inviolabilité des ministres publics, dit que ce système, enseigné dans les temps modernes par Bynkersock, Grotius, etc..., « paraît avoir pris sa source dans un texte de la loi romaine, Sancti habentur legati. » (Liv. XVII, D. de legationibus.)

(2) Page 12 de la préface de ses Etudes historiques.

« montré dans ce livre que les exemples de la po« litique ancienne peuvent encore aujourd'hui « éclairer le gouvernement des sociétés. »

CHAPITRE SECOND

DES DÉPUTATIONS PROVINCIALES.

Ce chapitre ne sera plus consacré, comme le précédent, au droit des gens, mais au droit administratif des Romains et à une institution qui a occupé dans leur gouvernement une place considérable. Tout le monde sait que l'empire asservit la capitale, mais dota au contraire les provinces de belles libertés administratives. Le sujet que nous nous proposons d'esquisser ici en est une preuve frappante, tant il est vrai que les nations comme les individus ont des organismes vitaux dont le despotisme ne peut les priver sans les condamner à mort! Quelle que soit en effet la forme de l'Etat, les gouvernés sont souvent obligés de communiquer avec le pouvoir central pour traiter des affaires intéressant leurs cités ou leurs provinces, et comme la poste n'existait pas chez les Romains, les sujets de l'empire envoyaient dans ce but, à l'empereur, des députations qu'on appelait *legatio provincialis*, *legatio municipalis*. C'était là une image de représentation nationale, faible image sans doute, car ces députés n'avaient pas de puissance positive et ils ne votaient pas l'impôt fixé chaque année par *indicto*. Mais enfin, toute faible qu'elle fût, cette institution permettait aux Césars de connaître les besoins de leurs sujets et de les soulager.

Nous diviserons ce chapitre en 3 paragraphes :

1° Des formalités;

2° Des devoirs des *legati;*

3° De leurs droits.

§ I. *Formalités.*

Quand un *municipe* ou une province se proposait d'envoyer une députation à Rome, les curiaux s'il s'agissait d'un *municipe*, les *honorati* s'il s'agissait de la province se réunissaient dans la curie ou dans le principal édifice de la métropole. Là ils s'occupaient du but de la mission qui était soit d'implorer le secours du prince, soit de lui porter l'*aurum coronarium*, soit de lui adresser quelque autre demande. Ces réunions portaient en Occident le nom de *conventus;* en Orient on les appelait κοινα. En Gaule, elles furent implantées par Auguste en 27 avant Jésus-Christ. Il fit rédiger dans la première assemblée (1) un dénombrement général qui servit de base à une nouvelle assiette de l'impôt plus onéreuse que celle qui était établie auparavant. Ces assemblées devaient se réunir au moins une fois l'an (2). De cette sorte, chaque gouverneur avait à ses côtés un conseil provincial, son guide et son

(1) Tenue à Narbonne. V. Guizot, Histoire de France, p. 56.

(2) V. Pline, épître 52, livre x. — Indépendamment de ces assemblées ordinaires, il y en avait d'extraordinaires convoquées spontanément ou sur une demande du gouverneur.

surveillant, que l'empire garda comme un instrument très-utile d'administration. Ce fut dans une de ces réunions que les députés des cités gauloises décrétèrent à Lyon où ils se rassemblaient alors, l'érection d'un temple gigantesque dédié à César Auguste. En 418, le gouvernement impérial promulgua un édit renouvelé de Gratien. Par cet édit Honorius ordonna que tous les gouverneurs, les *honorati* et *curiaux* se rassemblassent chaque année à Arles « des ides d'août aux ides de septembre » sous la présidence du préfet du prétoire des Gaules pour lui soumettre leurs vues sur les besoins du pays. Mais Honorius eut beau s'étendre avec complaisance sur les charmes de la ville, l'assemblée d'Arles ne réunit que ceux qui n'osèrent braver l'amende de 3 livres d'or imposée par l'empereur aux absents : ce qui montre dans quel état de torpeur les nations sont plongées par le despotisme.

L'assemblée une fois réunie, la discussion s'engageait, puis on procédait au choix des délégués qui étaient toujours pris parmi les décurions, plus tard parmi les évêques, et pouvaient même, d'après Voet, être nommés malgré leur absence. Les *litteræ*, contenant le but de l'ambassade, le nom des commissaires et la signature de leurs commettants, étaient ensuite présentées au gouverneur qui les contresignait et devait organiser la députation. Sans nul doute, et on le devine aisément, la liberté des réunions ne fut pas toujours respectée par les gouverneurs qui par là voyaient souvent critiquer leur administration et ébranler leurs crédits. Car les empereurs insistèrent à maintes reprises pour proclamer l'indépendance des congrès provinciaux, comme on le voit dans une constitution de Constance et Constantin, inscrite au Code Théodosien (1) et empreinte d'un esprit très-libéral. Ils comprenaient, ces maîtres du monde, l'utilité, la nécessité même d'une institution qui n'était pas, quoi qu'en puisse dire M. Egger, « une simple formalité, un simple rouage de l'administration de l'empire. » Etait-ce donc pour accomplir une simple formalité que les habitants de Tripoli envoyèrent à Valentinien pour lui dépeindre leur état malheureux et désespéré? (2) Il est vrai qu'en Gaule les assemblées provinciales ne paraissent pas avoir fonctionné bien utilement; mais en Italie, près du centre de l'empire, le souci de l'indépendance nationale et le souvenir des libertés publiques se conservèrent plus vifs qu'en Gaule. Aussi, tandis qu'en Gaule les *conventus* avaient des attributions purement locales, l'empereur les consulta quelquefois en Italie sur des questions générales, et l'on vit Nepos consulter le *conventus* des villes Liguriennes, réuni à Milan, sur la question de paix ou de guerre, c'est-à-dire sur ce qui forme la plus haute prérogative des corps politiques. La noblesse de Ligurie, remarquable en tout temps par son intelligence, s'y rendit très-nombreuse et, après une longue délibération, elle conseilla la paix.

(1) Livre XII, titre 12, loi 1re.

(2) V. A. Marcellin, chap. 6, livre XXVIII.

Les besoins du Trésor firent réglementer les députations sorties des *conventus*. D'un côté, Vespasien défendit aux villes d'envoyer à la fois plus de trois *legati*. Plus tard, ce nombre fut restreint à un. D'autre part les empereurs, craignant qu'on abusât de ce moyen de recourir à eux, ordonnèrent que le préfet du prétoire fît de la mission une instruction préalable et jugeât si l'affaire valait la peine d'être déférée à l'empereur. Mais cette réglementation varia elle-même suivant les circonstances et suivant la conduite des agents impériaux. Parfois les empereurs voulurent que les préfets du prétoire s'occupassent seulement de savoir si des *legati* devaient ou non venir à Rome. Parfois même ils décidèrent que ces préfets n'auraient aucunement à s'interposer entre eux et les *legati*.

Nous ne connaissons pas le cérémonial qui était pratiqué à la Cour à l'égard des députations. Nous savons seulement que le chef de l'ambassade prononçait un discours où il plaidait la cause de ses concitoyens et l'empereur lui répondait en lui accordant ou en lui refusant la faveur qu'il sollicitait. Nous ne possédons, que je sache, aucun des discours qui furent prononcés dans ces occasions; c'est là une perte qui est peu considérable. Il aurait été curieux cependant d'en connaître quelques-uns, quand ce ne serait que l'*oratio* de Scopelien, qui défendit devant Hadrien le droit qu'on voulait ôter aux villes d'Asie de cultiver la vigne.

(1) V. au Code Théodosien la loi Sive integr. diocesis.

Ces fonctions qui étaient devenues des charges nouvelles pour les curiaux et qui étaient exercées à tour de rôle donnaient lieu à des honneurs, et une inscription citée par M. Egger place ces commissaires après les édiles.

§ II. — *Des devoirs de legati.*

La jurisprudence du Digeste, du Code Théodosien et du Code Justinien, détermine avec précision les limites de ces obligations onéreuses pour les magistrats provinciaux. Comme tout mandataire, le *legatus* doit accomplir fidèlement sa mission depuis le commencement jusqu'à la fin. Tout d'abord, il ne peut partir sans avoir reçu l'autorisation nécessaire. Nous avons vu en effet que les *litteræ* ou lettres d'institution étaient insinuées dans les actes du gouverneur puis envoyées au préfet du prétoire qui écartait les demandes sans objet utile. Si le *legatus* dont la mission avait été regardée comme frustratoire venait cependant à Rome malgré la défense du préfet du prétoire, comme on craignait qu'il ne cherchât là un prétexte pour déserter la curie et rompre la chaîne qui le rivait à la cité, alors, aux termes de la loi VI, livre XII, titre 12, *de legatis* (Code théodosien), il devait repartir immédiatement ; il ne pouvait à son retour faire usage du *cursus publicus* et il revenait à ses frais dans sa province « *cum injuria sui ad provinciam propriis animalibus revertentur.* »

On comprend que depuis lors les curiaux ne furent pas saisis d'un grand zèle pour de telles missions. Aussi des pénalités frappaient le *legatus* qui ne voulait pas accomplir cette mission. Celui qui s'y refusait et qui ne pouvait prouver à la curie qu'il était empêché par un cas de force majeure, était frappé d'une peine extraordinaire. Non-seulement le *legatus* devait remplir son devoir, mais il devait s'y livrer sans désemparer ni s'occuper de ses affaires personnelles.

Nous verrons tout à l'heure que le plus grand privilége du *legatus* est le *jus revocandi domum,* c'est-à-dire le droit d'opposer à toute demande intentée contre lui une exception dilatoire. Et cependant comme toute règle, ce privilége a de justes limites. Ainsi le *legatus* devra se laisser poursuivre s'il a contracté pendant sa mission ou *ita ut durante legatione debitum solveretur.* Peu importe d'ailleurs qu'il s'agisse d'un contrat ou d'un quasi-contrat. Le Digeste en donne un exemple : Si sa femme divorce avec lui pendant son séjour à Rome et qu'ensuite il soit actionné en paiement de la dot; dans ce cas, comme il y a un quasi-contrat résultant du divorce, le *legatus* devra se défendre à Rome, car divorcer c'est se soumettre à toutes les obligations nées de la désunion, et dès lors au paiement immédiat de la dot. Le *legatus* devra au moins *contestari litem* s'il est poursuivi par suite d'une action temporaire, *ne alias pereat actio temporalis creditoris demum.* Si dans un procès le défendeur invoque une exception reconventionnelle, il devra y répondre, car la reconvention n'est qu'une espèce de défense (Paul, loi 22 ff. *de judiciis*). En cas de *damnum infectum*, le voisin du *legatus* pourra aussi se faire envoyer en possession. Point de *jus revocandi domum*, si le *legatus* a pris possession d'une chose pendant sa mission, par lui-même ou par un de ses esclaves. Point de *jus revocandi domum* au cas où il est poursuivi pour un délit dans le cours de sa mission. D'ailleurs le même motif qui avait fait accorder aux legati le *jus revocandi domum* les obligeait à n'exercer aucune action à Rome si ce n'est une action pénale.

§ III. — *Droits des legati.*

Nous ne reviendrons pas sur les prérogatives extérieures énoncées aux précédents paragraphes, telles que le droit d'user du *cursus publicus*, d'être nourris, hébergés et traités aux frais de l'État. J'ajouterai seulement que les *legati* pouvaient être choisis parmi les débiteurs du fisc, mais non parmi les débiteurs de la cité ni parmi ceux qui n'avaient pas le *jus postulandi* (1). En dehors de celà, on trouve encore des droits importants attachés à leurs fonctions. Ainsi, bien qu'il ne dût s'occuper de ses affaires personnelles, le *legatus* pouvait cependant

(1) L. 4. D. 50, 7.

s'acheter une maison dans sa patrie, gérer et défendre les intérêts de son pupille. Il pouvait par un intermédiaire se plaindre à l'empereur et lui exposer ses griefs contre la ville qui l'avait envoyé (1). Il arriva souvent que la même personne fut le *legatus municipalis* de plusieurs villes à la fois. Mais alors il n'obtenait qu'une seule indemnité de voyage. Les empereurs favorisaient beaucoup cette fusion dans l'intérêt du Trésor. Et nous possédons une constitution de Valentinien, Gratien et Théodose qui dut à ce point de vue développer l'institution des *legati provinciales*. Chaque ville eût mieux aimé envoyer des députés spéciaux qui fussent ses représentants directs. Mais les empereurs s'opposent à la trop grande multiplication de ces ambassades. Si plusieurs villes d'une même province désirent envoyer des députations, elles devront s'entendre entre elles et d'un commun accord nommer trois commissaires (2).

Nous voici amené au privilége le plus important des *legati*. Je veux parler de ce qui concerne la juridiction : sujet très-délicat et qui a donné lieu à des dissertations considérables. C'est à Bynkersoek (*de Foro legatorum*) que revient l'honneur d'avoir dégagé cette matière déjà approfondie par Cujas. Le savant Hollandais a le premier fait voir qu'il s'agissait, dans les textes, non des ambassadeurs romains, mais de simples fonctionnaires.

(1) L. 2. Ulpien, liv. II, Opinionum.
(2) L. 7. Code Théod., livre XII, titre 12.

Mais n'oublions pas que, selon nous, les mêmes prérogatives appartenaient aux véritables ambassadeurs. Ceci posé, quelle était la situation juridique des *legati?* C'était l'inaction commandée par l'intérêt public. Le *legatus* ne devait avoir qu'une pensée et une occupation : les affaires de sa mission, et, sauf de rares exceptions, il ne devait point les délaisser, même momentanément, « ne impediatur legatio cum detrimento Reipublicæ »: à ce point que, comme le remarque Barbosa, ses droits devenaient des espèces de devoirs. Pour qu'il intentât une action subite en justice, il lui fallait invoquer un motif très-important, tel que la réparation d'une injure, d'un dommage, ou encore la passation du contrat dans le cours de la mission, ou enfin la fixation de son exécution à une époque qui se trouve précisément échoir dans le cours de la mission. Pourquoi même ces exceptions au principe? La première s'explique de soi : Il y a là une question d'honneur et d'intérêt très-urgente. Quant aux autres, le jurisconsulte Julien les a justifiées par une considération très-équitable : « Ce serait l'autoriser, lui et tous ses confrères, à « se servir du privilége de leur emploi pour em« porter chez eux le bien d'autrui. »

A part quelques cas, les lois romaines accordaient aux *legati* deux priviléges : 1° celui de ne pouvoir être poursuivis pendant leur absence par aucune action nouvelle devant leurs juges domiciliaires, et le point de départ de leur absence courait du jour de leur nomination ; 2° le *jus revocandi domum* (1), faveur qui ne leur était pas spéciale, mais était accordée à tous ceux qui venaient à Rome pour affaire d'État. Nos idées modernes ne peuvent point se familiariser avec la dualité de domicile d'origine qui nécessitait de tels priviléges. Mais les anciens avaient pour maxime que Rome est la commune patrie de tous les citoyens, et le juge de Rome avait compétence pour tous les Romains domiciliés dans les provinces et résidant momentanément dans la capitale, à moins qu'ils ne pussent *revocare domum*. Ce privilége, qu'on opposait sous forme d'exception, était invoqué au début de l'instance avant la *litis contestatio* (L. ult. c. *de Exceptione*). Le *legatus* devait lui-même le faire valoir (L. 2, *Si in jus voc.;* L. 5, h. t.) et donner une caution judiciaire qui d'ailleurs pouvait être une simple promesse.

Le *legatus*, qui faisait adition d'hérédité pendant son séjour à la Cour impériale, avait-il le *jus revocandi domum* contre les créanciers héréditaires? Question captieuse, car ne peut-on pas assimiler à un contrat l'adition d'hérédité? Et cependant ici, par suite de considérations très-plausibles, on s'écartait des principes; on étendait le privilége jusqu'à cette hypothèse; c'est que presque toujours l'adition d'hérédité était lucrative et, de plus, elle n'est pas un contrat unique, mais elle comporte un ensemble d'affaires qui, si, dès maintenant, elles

(1) V. L. 2, § 3, D. de judiciis, L. 5, t. 1.

avaient cours, détourneraient complètement le député de sa mission. Même décision était donnée au cas où la succession devait être rendue, d'après un fidéicommis, par l'héritier au *legatus* : celui-ci pourra forcer l'héritier à faire adition et intenter, dans ce but, une action devant le préteur.

Les lois que nous venons de citer sont relatives aux actions civiles. D'autres lois ont des solutions analogues pour les actions criminelles (1).

L'utilité du *jus revocandi domum* a fait l'objet d'un débat entre Gentilis et Bynkersoek. Nous nous rangeons pleinement à l'avis de ce dernier. Ceux qui traitaient avec les *legati* devaient connaître la condition juridique de ces députés ; dès lors ils ne devaient point traiter avec eux sans des garanties sérieuses ; et puis le privilége *revocandi domum* n'était point accordé pour les contrats passés à Rome dans le cours de la mission.

On eut beau accumuler les honneurs et les prérogatives sur les députations provinciales. L'empressement des citoyens ne fut guère plus grand, et, le plus souvent, ils cherchaient à s'y soustraire. Sans invoquer le témoignage de l'histoire, il suffit, pour le voir, de consulter les textes et de lire ce qui regarde les excuses presque aussi réglementées qu'en matière de tutelle. Ainsi 1° le père de trois enfants vivants était, par là même, exempt de cette charge (2) ; 2° une *legatio* dispensait, pendant

(1) Loi 24 ff. De judiciis.

(1) Loi 1. Code Justinien, livre x, titre 63.

deux ans, d'un semblable office; 3° celui qui avait été *legatus transmarinus*, comme les curiaux d'Afrique, était, durant le même délai, dispensé de toute charge publique (1). Mais pour jouir des deux dernières excuses, il fallait avoir accompli personnellement sa mission. On sait que les curiaux pouvaient se substituer leurs fils comme *legati*. Il paraît qu'ils usèrent de ce droit. Ils y trouvaient un double avantage. Ordinairement âgés, ils n'avaient plus besoin de se déplacer pour un long et périlleux voyage; leurs fils avaient là l'occasion d'aller voir Rome et de s'y faire connaître en se formant aux affaires publiques. Cette mission accomplie par le fils ne l'excusait pas, mais elle excusait son père.

Cependant les fils, députés, soit en leur nom personnel, soit comme représentants de leur père, reçurent des Césars plusieurs sortes de faveur. Par exemple, la loi 86, § 1, ff, *de Acquir. vel omit. hered.* et la loi 86, § 1, ff, *de Judiciis*, contiennent à ce sujet deux décisions importantes. D'après la première loi, Antonin le Pieux accorda une *restitutio in integrum* à un *legatus*, fils d'un certain Avitus. Voici dans quelles circonstances : Avitus avait été institué et était mort avant d'avoir pu faire adition. Le fils put cependant recueillir la succession, par une bienveillance du prince (*humanitatis gratia*), parce que, pendant les événements, il était *legatus* à Rome. Dans la loi 18, § 1, *de Judiciis*, il

(1) Loi 3. Code Justinien, livre x, titre 63.

ne s'agit plus d'une décision spéciale, mais d'une faveur accordée, en général, au fils *legatus*. Quand il a éprouvé quelque dommage et que, ni son père absent ni pour lui un représentant ne peut intenter l'action, alors le fils qui a souffert le préjudice aura le droit d'intenter une action utile. On veut par là empêcher l'impunité, « ne, dum pa-« ter expectatur, impunita sint maleficia, quia « pater venturus non est vel, dum venit, se sub-« traxit is qui noxam commisit. » Enfin je dois encore citer la loi 30, ff, *de Acq. vel omit. hered.* Ici c'est le fils *legatus* qui a été institué héritier et qui est mort avant d'avoir fait adition. Antonin le Pieux permet au père de ce *legatus* de faire adition, après la mort de son fils, parce que celui-ci est mort au service de l'État.

DROIT FRANÇAIS

DES CONSULS
ET
DES AMBASSADEURS

PREMIÈRE PARTIE

Des Consuls de France en pays étranger.

DROIT ANCIEN

§ 1er. — *Antiquité.*

Nous avons suivi le droit international dans son développement chez les Romains. Nous avons vu quelle était son importance, quels étaient ses agents. Il nous faut maintenant faire un pas en arrière, et poursuivre ensuite notre étude dans les âges subséquents, en nous bornant toutefois à ce qui concerne les Consulats. Les Consulats! voilà un nom relativement nouveau dans l'acception qu'il comporte aujourd'hui! Et cependant voilà aussi une institution très-ancienne. Car, en tous temps, on a senti le besoin de protéger les étrangers et de leur appliquer une législation particulière (1). Et de

(1) V. II, Cauchy. Le droit maritime international. « Diodore de Sicile et Strabon attestent que chez les peuples de l'Inde des magistrats spéciaux étaient chargés de rendre la justice aux étrangers, de veiller à la conservation de leurs intérêts. » T. CCCXI.

là vint aussi l'idée d'une magistrature spéciale.

L'Egypte que Bossuet appelle le plus sage des empires paraît être la première des nations chez qui de tels droits aient été accordés aux étrangers. 726 ans déjà avant Jésus-Christ, Amasis permit aux Hellènes de choisir entre eux et d'instituer des magistrats autorisés à les juger conformément aux lois de leur pays ; Hérodote appelle ces magistrats προσταται του εμποριου. Amasis donna aux Grecs d'autres privilèges et leur assigna des ports et des quartiers où ils purent se fixer et bâtir des maisons, des comptoirs et des temples.

Les Phéniciens et les Carthaginois qui n'avaient point de ces représentants officiels dans les autres pays, y suppléaient par des traités d'hospitalité conclus de particulier à particulier. Movers a soutenu qu'ils eurent des προσταται chez les Grecs, mais l'opinion de ce professeur ne repose sur aucune base solide.

En Grèce nous trouvons une institution analogue à celle d'Amasis, peut-être empruntée aux traditions et aux usages de l'Egypte peut-être aussi rendue nécessaire par le discrédit où était tombée la profession d'hôtelier. J'ai déjà eu l'occasion, dans ma thèse romaine, de nommer les *Proxènes* ou hôtes publics. On a beaucoup discuté sur leur origine. La plus ancienne proxénie connue date du VIe siècle avant notre ère ; ce qui semblerait confirmer notre opinion qu'elle viendrait de l'Egypte. Du reste il y avait deux sortes de proxènes ; d'abord les proxènes ordinaires, choisis à vie parmi les éthéloproxènes (candidats à la proxénie), chargés d'exercer 'l'hospitalité envers les étrangers et de statuer sur les contestations entre les marchands étrangers. Il y avait aussi à Sparte d'autres proxènes plutôt surveillants que proxènes, choisis par l'autorité locale sans aucune intervention étrangère. On possède un certain nombre de décrets qui proclamaient leur nomination et qui étaient ordinairement placés dans les temples ou dans le vestibule des édifices publics. Les devoirs des proxènes étaient multiples. Exercer l'hospitalité envers les habitants de la ville qu'ils représentaient, introduire les ambassadeurs, procurer à leurs hôtes des places au théâtre ou aux jeux olympiques, tel devait être leur rôle varié. En récompense de ces services, de grandes faveurs leur étaient octroyées. Les titres, les couronnes, les statues flattaient leur vanité bienfaitrice. Des privilèges importants les plaçaient, tout particuliers qu'ils restassent, au-dessus de leurs concitoyens. C'était entre autres, l'ἀσφάλεια καὶ ἀσυλία, c'est-à-dire l'inviolabité. C'était encore l'ἀτέλεια ou l'exemption de certains impôts, la πολιτεία ou droit de cité dans la ville représentée. C'était encore un traitement déguisé sous forme d'indemnité. Si on veut se rendre compte du développement de la proxénie, il faut lire les documents épigraphiques qui nous sont parvenus à ce sujet. On y constatera que cette institution était commune à plus de soixante-dix-huit Etats, cités ou confédérations helléniques et tout fait présumer que de nouvelles recherches augmenteront cette liste. La proxénie si répandue en Grèce ne fut point inconnue à la grande Grèce même après sa conquête par les Romains. C'est ainsi que les Syracusains décernèrent cette charge honorifique à L. Tullius, frère de Cicéron. Comment se fait-il qu'une institution si considérable, si persistante, ait disparu de l'histoire sans qu'on puisse fixer exactement la date de sa chute? Comment se fait-il que cette institution, bien que connue des Romains, n'ait point été pratiquée par eux? C'est qu'il y avait à Rome une autre institution avec laquelle la proxénie eût fait double emploi. Cette institution est le patronage et la clientèle. Le patronage a empêché la proxénie de naître à Rome et il l'a détruite hors de Rome. Et maintenant quels pourraient être les rapports, les analogies, les rapprochements entre la proxénie et les consulats? Le peu que nous avons dit suffit pour faire comprendre que ces rapports sont intimes. Comme les consuls de nos jours, les proxènes avaient pour mission spéciale la protection des étrangers d'une certaine nation. Comme les consuls, ils jouissaient de privilèges considérables pour exercer librement leurs fonctions. Mais aussi à la différence des consuls, et sauf les proxènes magistrats de Sparte, ils ne prenaient point un caractère public, ils restaient simples particuliers et on ne connaît point au juste la portée et les limites de leur juridiction. A coup sûr ils n'avaient point compétence sur les navires de la nation représentée par eux qui mouillaient dans le port. Car cette compétence était attribuée aux ναυτοδίκαι qui formaient un tribunal nautique et prononçaient sommairement sur les disputes des marins et leurs contestations commerciales. Ce tribunal était composé de juges choisis pour chaque année. On n'est pas fixé sur le point de savoir s'ils jugeaient sans appel. En outre, il y avait l'ἐπιθαλάττιον, juridiction que les Grecs possédaient à bord des vaisseaux et qui était chargée de châtier les délits qui se commettaient en mer. Je n'insiste pas sur une dissemblance quant aux choix. Car si en cela les proxènes diffèrent de nos consuls, ils ressemblent aux consuls de la plupart des nations de second ordre.

Si maintenant nous tournons nos regards vers Rome, il nous faut venir jusque vers la fin du VIᵉ siècle pour y trouver l'origine d'une magistrature spéciale aux étrangers. Le préteur pérégrin ne fut en effet créé qu'à cette époque, c'est-à-dire lors de la première guerre punique, alors que venaient de se montrer les premiers développements de la marine romaine. Et encore, au dire de certains auteurs, le but de cette création n'aurait point été le désir de respecter les principes du droit international. M. Ortolan attribue cette innovation à l'affluence des étrangers qui se produisait alors, ceux-ci venant exercer à Rome les professions mercantiles que le citoyen dédaignait. M. Ortolan ne fait en cela que traduire un passage de Pomponius, la loi 2 § 28, au Digeste de origine juris: *Non sufficiente eo prætore (urbano) quod multa turba etiam peregrinorum in civitatem veniret creatus est et alius prætor, qui peregrinus appellatus est ab eo quod plerumque inter peregrinos jus dicebat.* Ce motif ne nous paraît pas satisfaisant. S'il était vrai, comme le prétend Pomponius, que la multiplicité des affaires à juger eût été la seule cause de la création du préteur pérégrin, on ne voit pas pourquoi celui-ci eût été spécialement chargé des affaires des étrangers. C'est donc bien plutôt la nécessité de leur appliquer une législation spéciale qui a dû déterminer les attributions de ce magistrat. Et d'ailleurs le genre de juges qu'il nommait est encore un nouvel indice qui confirme notre opinion. Ces juges nous sont connus sous le nom de *recuperatores* et la *recuperatio* était chez les anciens leur système de juridiction internationale privée, juridiction qui à la différence de la juridiction ordinaire, ne pouvait s'exercer et ne s'exerçait pas en effet sous la forme d'un juge unique. Car la nécessité de concilier autant que possible le droit particulier de chacun des états: « devait, dit de « Keller (1), amener la composition d'un tribunal « mixte devant lequel chaque nationalité était éga- « lement représentée, soit par la nomination de « récupérateurs pris moitié par les cives, moitié « parmi les socii, soit par une participation plus

(1) V. le Traité des actions, de M. de Keller, page 31.

« directe laissée à chaque partie dans le choix du « juge. » En lisant cette phrase de Keller que nous venons de citer, nous pensons en effet que la composition du tribunal des *recuperatores* devait varier selon la nationalité des parties, que si tous les plaideurs étaient étrangers, les *recuperatores* étaient tous pérégrins, que si le procès s'élevait entre un Romain et un étranger, les *recuperatores* devaient être pris moitié parmi les Romains, moitié parmi les étrangers. Mais, ne l'oublions pas, Keller se place à l'origine et, dès lors, il ne faudrait pas tirer argument, contre ses conjectures, de certains textes tout à fait postérieurs, tels que par exemple le §105 du 4me Commentaire de Gaius. Quoi qu'il en soit sur ce point, on voit que la législation internationale de Rome offre des traits frappants de dissemblance avec celle de la Grèce en général, et qu'au contraire elle a une certaine analogie avec les lois de Sparte. Et qu'y a-t-il lieu de s'en étonner? A Sparte ainsi qu'à Rome, parait le même esprit de dureté et d'exclusivisme national, la même défiance envers l'étranger. Ainsi, de même que le proxène Spartiate, le préteur pérégrin est un citoyen nommé par l'autorité locale. Et encore la durée de sa charge est bien courte; elle est annuelle. D'ailleurs, comme le proxène ordinaire de la Grèce, le préteur pérégrin ne connaissait pas de toutes les questions pouvant intéresser les étrangers. A côté de lui se trouvait le *Prætor mercatorum* qui remplissait à Rome les fonctions des ναυτοδίκαι à Athènes et prononçait sur les disputes des matelots dans la chambre du capitaine du navire auquel ils appartenaient. Enfin notons que le préteur pérégrin n'était, en dehors de ses attributions judiciaires, nullement chargé de la protection du commerce et de la sûreté des étrangers et qu'au surplus il devait trancher leurs différends non selon leur législation nationale, mais selon les principes abstraits du *jus gentium*. On ne peut donc établir aucune comparaison sérieuse entre ce magistrat et nos consuls. Quant à la protection du commerce, les Romains, soit par eux-mêmes, soit pour les autres peuples, ne traitaient que par des légats ou envoyés. Sous le règne d'Honorius et de Théodose on créa, sous le nom de *telonarii* des juges pour prononcer sur le cas des navires submergés. Et c'est encore sous le nom de *telonarii* qu'après la chute de l'Empire, nous voyons figurer en Gaule une magistrature spéciale instituée à l'effet de protéger les marchands qui voyageaient au-dehors. Une loi des Visigoths portait que les différends entre marchands d'outre-mer doivent être jugés selon leurs lois par des magistrats de leur nation.

« Dum transmarini negociatores inter se causam « habuerint, nullus de sedibus nostris audire se « præsumat, nisi tantum modò suis legibus au- « diantur apud telonarios suos » (loi des Wisigoths liv. II. titre III) (1).

(1) Cette loi s'exprime facilement par le caractère de personnalité qui alors était en honneur.

Mais qu'on ne s'y trompe pas, il ne faudrait pas voir dans cette loi exceptionnelle et imbue d'idées civilisatrices, l'image des autres lois barbares qui avaient gardé le cachet de leur virginité primordiale. Dans la loi Burgonde, dans la loi Francque, etc... l'étranger est toujours le varganeus, l'homme hors la loi. Sans doute la qualité d'étranger n'est plus attachée uniquement, comme elle l'était en Germanie, à la circonstance qu'on n'était pas affilié à la corporation. Sans doute l'étranger est devenu celui qui est né hors du territoire occupé par les conquérants et de parents qui n'étaient pas de l'origine des conquérants. Mais à part cela, sa condition n'a guère changé. Pour lui comme en Germanie, point de droit de porter les armes, point de *terra salica*. Toutefois il a un protecteur et ce protecteur est quelque puissant seigneur, quelque riche *possessor* à la recommandation duquel le pauvre pérégrin est réduit, et qui lui fait chèrement payer son droit de protection. Que nous sommes loin de la proxénie et de la préture romaine ! Heureusement cette recommandation va bientôt changer de caractère ; à la dure protection du seigneur succède pour l'étranger la protection du roi, protection encore inefficace cependant car, observe M. Demangeat, « en dépit de la sagesse de Charlemagne, il est hors de doute qu'en général les « étrangers étaient réduits à la condition des colons. »

§ 2. — *Du Moyen âge à la Révolution.*

Mais tout à coup une ère nouvelle s'ouvre dans l'histoire. Le développement du commerce Italien, l'explosion des croisades qui poussent vers l'Orient les différents peuples de l'Europe, le contact avec une civilisation inconnue, hâtent rapidement l'expérience des nations occidentales. Alors nous touchons au vrai berceau du consulat moderne et à l'origine de cette grande institution qui naquit avec le commerce international, grandit et s'éclipsa avec lui pour atteindre ensuite son apogée de nos jours. Comme pour les plus grandes institutions, on ne peut fixer d'une manière très-précise la date exacte de son origine ni le nom du peuple, ou plutôt de la cité, qui la première eut des consuls dans les ports de l'Orient. Laissons de côté les conjectures par trop hasardées de M. Hautefeuille; ce qui me semble évident, c'est que cette fondation est due aux princes chrétiens qui établirent leur domination sur les côtes de la Palestine, du Bosphore ou dans les îles voisines de la Grèce. Ce qui me paraît aussi établi, c'est que les premières prérogatives de ce genre que l'on connaisse ont été accordées aux républiques Italiennes, probablement en retour des services que leurs vaisseaux avaient rendus à la cause des croisades. Y avait-il là une idée empruntée aux usages des premiers Musulmans, et dans ces usages eux-mêmes, un souvenir des usages de l'ancienne Grèce et de l'Egypte ? On pourrait le croire, en examinant sous quelle forme ces privilèges ont été accordés. Comme en Egypte autrefois, les étrangers d'une nation occupent dans chaque ville un quartier spécial, sous le nom de loge, de *factorerie*, de fondo, ou de foudouque. Chacune de ces concessions est sacrée et placée sous la protection du pape, chef suprême de la ligue chrétienne; chaque loge est gouvernée par un magistrat dont le nom rappelle les juges de la métropole, et qui doit en effet appliquer à ses compatriotes leurs lois nationales. C'est dans cet enclos formé composé de magasins et de boutiques, avec chapelle, boucherie et halle etc., que réside ce fonctionnaire appelé baile, vicomte et enfin consul. C'est de là qu'il sort quelquefois en habit de pourpre pour baiser les pieds de l'empereur comme à Constantinople, ou baiser le grand tapis du roi comme à Tunis, et après leur avoir présenté ses hommages, il leur expose ses sujets de plainte et ses réclamations. Aussi il est facile de comprendre que ses postes semi-diplomatiques furent occupés par des hommes de grands talents et de haute naissance, appartenant aux premières familles. Avant d'aller prendre possession de son poste, le consul jurait sur les saints évangiles de rendre bonne justice à tous ceux qui seraient sous sa juridiction et à tous ceux qui comparaîtraient devant lui « selon les us et coutumes de sa ville. » Et il est à remarquer que le consul avait juridiction sur tous les habitants du quartier, quand même ils n'eussen point appartenu à sa nation.

J'ai dit que la création des consulats était la récompense des services rendus aux croisés par les républiques italiennes. Souvent même ces peuples marchands avaient soin de le stipuler à l'avance. C'est ce que firent en 1123, les Vénitiens qui promirent au royaume de Jérusalem du secours pour la ville de Tyr. D'autres fois, cette création était la suite des traités subséquents et d'achats de quartiers entiers permis par ces conventions. C'est ainsi qu'en 1160, les Génois achetèrent le couvent de Calamos près de sainte Sophie et après l'avoir abattu construisirent sur son emplacement un foudouk complet.

Cette période pourrait être justement appelée l'époque municipale des consulats; car l'Etat n'intervient point encore directement. Nous devons du reste laisser de côté ce qui touche les républiques italiennes, pour nous concentrer sur les consulats de France à l'étranger et particulièrement en Orient, qui seuls forment l'objet spécial de notre étude. Marseille pouvait alors déjà être comparée aux grandes républiques italiennes telles que Gènes, Venise, Pise etc... Longtemps elle fut leur rivale avant de les éclipser et il était naturel qu'elle fut parmi les villes de France, la première qui possédât des consuls dans le Levant. Le premier consul français en Orient fut créé vers la fin du XIIe siècle, et nommé à Tyr, suivant lettres patentes adressées aux Marseillais par le marquis de Montferrat, seigneur de cette ville. L'exemption de tout impôt et l'administration de la justice furent dès l'origine ses prérogatives. En 1255, même faveur est accordée aux Marseillais par Jean d'Helin, seigneur de Beyrouth. En 1258, Marseille nomme à Bougie comme consul un marchand, Hugues Borgonion. Cette dernière commission est très curieuse à lire, car elle nous retrace, d'une façon intéressante, les attributions du consul à cette époque « et concedens eidem consuli plenam et liberam potestatem regendi gubernandi cives Massiliæ et quascumque alias (personas consulatûs) appendentes ; « et banna et penas apponendi eisdem, et puniendi et condemnandi predictas personas ex « eis delinquentes, secundum valorem sui criminis « qualitatem, cum consilio tamem consiliariorum « suorum civium Massiliæ et reddendi, dicendi et « faciendi jus personis dicto consulatui appendentibus supradictis : et omnia et singula faciendi, « statuendi et mandandi quæ hujusmodi consules « Massiliæ facere consueverant, secundum formam « statutorum et consuetudinum Massiliæ, » toutes choses que le consul devait jurer d'observer fidèlement, sur les saints évangiles et dont le serment était mentionné dans sa commission. D'ailleurs ces diverses attributions et cette organisation, nettement indiquées par cet acte, avaient été délimitées quelques années auparavant, en 1255, par un statut de la ville de Marseille, relatif à la nomination des consuls dans les pays d'outre mer et de Barbarie. Nous y lisons que les consuls étaient choisis par le corps de ville de Marseille, parmi les marchands qui trafiquaient dans les parages du Levant, que là où il y avait plus de dix commerçants marseillais, ils avaient le droit d'élire un consul parmi eux, en attendant que le corps de ville y pourvût (1). Aussi ne faut-il pas ajouter

(1) Voici, du reste, le texte de ce statut tel que nous le donne, d'après les archives de Marseille, M. de Malastrie à la fin de son ouvrage sur les Traités entre les Arabes et les Chrétiens au moyen âge :

De Consulibus extra Massiliam constituendis.

Constituimus ut a modo quando cumque aliqui consules ficut vel constituentur in viagiis Suric, aut Alexandrus, vel Copte, vel Bogie, vel alicubi alibi extra Massiliam quod illi eligantur a rectore communis Massiliæ et creentur et constituantur similita sempertales quod illi consules sint de melioribus facundia et discretione et probitate et honestate ad honorem et utilitatem communis Massiliæ ex illis qui tunc temporis ad dictas partes traficarent; et quod illi fiant et constituantur enim fierent a rectore Massiliæ qui pro tempore fuerit eum consilio et assensu septimanarorum capitum ministeriorum Massiliæ vel majoris partis eorum, et codem modo dentur et constituantur inconsiliarii...

...Et dicti consules omnes qui ad eas partes prædictas sic debebunt vel sunt ituri, jurent ad sancta Dei evangelia quod nullatemus meretrices mittant vel mitti paciantur ab aliquo in fundo illius terræ cui præerunt, stagiam ibi a dictus meretricibus faciendo... et si forte contigerit quod alicubi sint decem vel viginti homines de Massilia, vel plures, ubi non sint consul vel consules statuti, liceat eis et possint concorditer omnes vel major pars eorum, aut illi qui ab eis vel majori parte eorum ad eligendos consules Massiliæ eligere, etc... Verum si ipse qui electus fuerit consula majori parte hominum Massiliæ recuset vel nollet accipere consulatum, puniatur in decem libris aureorum coronatorum... Sed et illud adjungimus quod qui consule sunt uno anno in alio non sint consules in alio non sint consules nisi in illo eam in quo alius non inveniatur sufficiens.

une foi absolue à Vaslin, qui prétend que les premiers consuls français, dans le Levant et la Barbarie furent nommés à l'origine par les maitres et patrons des vaisseaux; car le court espace de temps qui sépare l'année 1265, de l'époque où les consuls français furent créés, ne permet pas de supposer qu'un usage contraire au statut de Marseille ait été antérieurement pratiqué. D'ailleurs la durée d'un consulat n'était qu'annuelle et, à moins d'impossibilité, celui qui était nommé consul une année, ne pouvait être choisi de nouveau l'année suivante. Et, malgré la courte durée de cette charge, il ne paraît pas que cette fonction fût toujours enviée, car une disposition du statut inflige à celui qui ne voudra pas accepter le consulat, la peine de dix livres d'or (1). L'absence de tout traitement et le péril de ces postes furent probablement la cause qui produisit à l'origine une telle aversion. — Par les citations que nous venons de faire et par ce que nous dirons dans la suite, on pourra juger du caractère persistant de nos consulats en Orient, caractère qui fut, dans le principe, général à tous nos agents, soit en Levant, soit en Occident. — Et notez aussi que Marseille ne fut bientôt plus la seule ville qui reçut de tels privilèges des princes mahométans. Son commerce florissant, et l'exportation des vins chaleureux de nos contrées méri-

(1) Même disposition se retrouve à Venise, au xve siècle, contre ceux qui refusaient d'accepter une ambassade. V. M. Louis Etienne, une autobiographie de Machiavel (Revue des Deux-Mondes, 1er nov. 1873).

dionales, s'étendirent alors à d'autres cités et notamment à Montpellier qui, par un traité de 1243, stipulait qu'elle aurait un consul et un quartier spécial dans chacune des trois places de Constantinople, de Tripoli et d'Antioche.

D'après Laget de Podio, on devrait trouver dans Ducange, deux diplômes par lesquels les empereurs Andronic Paléologue et son fils accordaient aux marchands de Narbonne le droit d'avoir un consul qui jugeât leurs différends. Ce serait là des pièces intéressantes qui nous éclaireraient sur le XIIIe siècle. Mais nous avons eu beau chercher, nous n'avons rien trouvé de semblable dans le glossaire de Ducange ni dans les dissertations qui suivent le glossaire.

Ces privilèges avaient leur danger; on sait quelle puissance exagérée ils donnèrent aux Vénitiens et aux Génois à Constantinople, et dans le nord de l'Europe, plus tard à la ligue Hanséatique; mais ils valurent aux justiciables de ces tribunaux consulaires la faveur d'être soustraits à l'application du combat judiciaire. « En la cour de la mer n'a point de bataille pour preuve ne pour demande » disait l'Assise des bourgeois de Jérusalem (1), au même titre que les consuls de terre, les consuls de mer participèrent au développement du droit commercial.

Les revers de nos croisades amenèrent aussi nos

(1) Eugène Cauchy. Le droit maritime international, t. I, p. 314.

rois à s'occuper de l'institution consulaire, à intervenir directement pour son développement. Saint Louis fut le premier de nos princes qui entra dans cette voie. En 1251, pendant son séjour en Égypte, et non, comme on l'a écrit, pendant sa captivité, il fit, à ce sujet, avec le sultan d'Égypte, un traité par lequel il stipulait l'établissement de deux consuls, l'un à Alexandrie et l'autre à Tripoli, lesquels seraient reconnus seuls et de préférence à tous autres (1) : clause non moins remarquable que le traité lui-même, car elle est la base de ces règlements qui assurèrent à la France une prépondérance considérable en Orient et y placèrent les autres peuples sous sa protection. On ne saurait trop admirer la sagesse politique du bon roi Saint Louis qui sut habilement tirer parti de la division des Sarrazins et, malgré ses malheurs, releva encore l'éclat de notre fortune au détriment des Républiques Italiennes.

L'institution des consulats se développa dans l'Occident, en même temps que dans le Levant. Tout porte à croire que ce furent encore les Républiques italiennes qui donnèrent le premier élan. D'ailleurs, elles auraient été vite suivies dans ce mouvement

(1) Ceci n'est qu'une tradition, mais qui paraît certaine d'après les documents où elle est rapportée. Il en est question dans l'adresse à Charles IX de François de Noailles, évêque d'Acqr, ambassadeur de France en Turquie, et aussi dans un vieux manuscrit de la Bibliothèque nationale intitulé: *Traité des consuls de la nation française en pays étranger. Ce manuscrit date de* 1607.

par nos cités méridionales; car, en 1148, Narbonne avait à Tortose, en Espagne, un établissement et un consul. En 1166, elle en avait un à Gênes, et un autre à Pise en 1174. — L'exemple de Narbonne fut imité, au XIIIe siècle, par Montpellier, Marseille et d'autres villes. Merlin a dit « que l'usage observé avec les princes mahométans avait été le fondement de celui qui s'est introduit parmi les princes chrétiens, sans aucune stipulation expresse. » Si Merlin a voulu parler des règlements et attributions consulaires, nous nous rangeons à son avis; mais, s'il avait voulu faire allusion à l'origine même de l'institution, nous n'adopterions qu'avec de grands doutes son opinion, et le simple rapprochement des dates pourrait bien, au moins quant à la France, nour donner raison : car, ainsi nous l'avons observé, le premier consulat de France en Orient date seulement de la fin du XIIe siècle et déjà, en 1166, Narbonne avait, à Tortose, un de ces représentants.

A la création des consuls en Occident se rattache étroitement la question des ambassades permanentes et de leur création. Deux opinions peuvent être émises sur ce grave problème : les uns soutenant que nous en sommes redevables aux usages vénitiens du XVe et du XVIe siècle; les autres estimant que l'idée des légations permanentes est née des consulats. Ce dernier avis me semble préférable. Est-ce qu'au moyen âge les consuls n'étaient point, en dehors des ambassades extraordinaires, les représentants uniques de leurs villes ou de leurs souverains? Et, en admettant même que les ambassades permanentes nous viennent des Vénitiens, nous demanderions d'où leur vint cette idée, qui a pu leur inspirer la pensée de cette institution.

Les guerres désastreuses qui ensanglantèrent la France pendant le cours du XVe et du XVIe siècle, anéantirent tout négoce et eurent leur contre-coup dans les consulats jusqu'au jour où nos rois, libres chez eux, purent, grâce à un système de douanes protectrices, rendre au commerce le rang qu'il avait perdu. C'est au XVIe siècle que refleurissent les consulats.

Il est curieux de remarquer que le premier acte que nous rencontrions alors à ce sujet provienne de l'Égypte, le berceau même de l'institution. Le document auquel je fais allusion est le Hatti-Chérif, par lequel Soliman II confirma, en 1528, les anciens privilèges des Français et des Catalans en Égypte, et dont M. Reynaud, notre confrère, a dû la communication à l'obligeance du savant M. Faugère, directeur des Archives au ministère des affaires étrangères : ces privilèges avaient déjà été confirmés par Sélim Ier en 1517. Ce Hatti-Chérif nous montre les consulats fonctionnant avec une telle régularité en Égypte, qu'il me paraît difficile d'admettre qu'il y ait eu, depuis Saint Louis, interruption dans l'exercice de leur juridiction (1). Peut-être

(1) Voir aussi dans Militiz (Introduction), les honneurs rendus à nos consuls en Égypte dès le XIIIe siècle.

« Il avait été arrêté depuis le commencement du XVIe siècle,

nous objectera-t-on le silence gardé par les archives pendant plus de deux siècles ; nous répondrons, avec M. Maslatrie, qu'il n'y a rien d'étonnant, « parce que les premiers traités arrêtés en ces temps entre les Chrétiens et les Arabes furent verbaux, » et aussi, il faut reconnaître, indépendamment même de cette considération, il n'y a rien d'étonnant, à cause de l'irrégularité qui existait alors dans les services de l'État.

Les anciennes capitulations, qui avaient été confirmées pour l'Égypte par deux actes énoncés ci-dessus, le furent d'une manière générale pour l'Empire ottoman, en l'an 1535, par un traité conclu entre le sultan et François Ier, et dû aux soins de notre ambassadeur Jean de la Forest, soins souvent très-difficiles, si l'on en juge par la triste condition où fut placé plus tard notre ambassadeur, M. de Nointel. Ce traité de 1535, renouvelé à plusieurs reprises, et la dernière fois en 1740, a pour base la réciprocité diplomatique; mais il est facile de comprendre combien il nous est favorable, si l'on songe à la différence des relations des Français en Orient et des Turcs en France. Ce traité fut toujours re-

qu'aussitôt après l'avis de l'arrivée d'un consul français en Egypte, le pacha envoyât à sa rencontre une députation composée de grands du pays et de Tchaouch (espèce d'huissiers), conduisant les chevaux de mains, qui se rendaient à Alexandrie pour le recevoir. Dans sa marche pour se rendre au Caire, l'agent français marchait précédé de ses huissiers, de son aumônier, de la famille au couvent de Jérusalem, de ses janissaires, officiers ou domestiques. Il montait à cheval, vêtu d'une soutane appelée dolmen, ayant par dessus une grande veste écarlate, doublée d'une fourrure de prix. »

nouvelé d'après de bases uniformes, et il est encore le fondement de notre jurisprudence.

Ce fut à partir du XVIe siècle que les consulats devinrent des fonctions vénales et héréditaires.

Nous ne nous étendrons pas sur le développement que prirent alors nos établissements consulaires, soit en Levant, soit en Ponant. C'est un travail qui nous entraînerait trop loin. Laissant donc de côté les traités, tels que celui d'Alger, du 21 mars 1619; celui avec l'Espagne, du 7 novembre 1659; celui avec Tunis, du 25 novembre 1665; celui avec le Portugal, du 31 mars 1667; celui avec la Hollande, du 17 avril 1662 (art. 42), etc., nous nous hâtons de venir à l'époque la plus importante. On a deviné que nous voulions parler du ministère de Colbert et de ses travaux de réforme.

Ce grand ministre, qui porta tous ses soins sur l'administration, ne pouvait oublier les consulats. La France possédait alors douze consuls dans l'empire turc, avec quatre-vingts janissaires, et trente-quatre interprètes payés par le trésor royal (V. l'ouvrage anglais intitulé : *Merchant's map of Commerce*, publié par Lewis Robert, en 1668). Colbert ne négligea pas une institution déjà si considérable. Aussi le dépouillement de sa correspondance nous montre quelle sollicitude il prit de cette institution quand il en eut la surveillance dans ses attributions.

Le 15 mars 1669, en prenant possession du ministère de la marine, Colbert envoie aux consuls de France à l'étranger une instruction remarquable où il leur dit : « que pour satisfaire à ce qui est en « cela des intentions de sa Majesté, il est néces- « saire qu'ils entretiennent une correspondance « exacte avec lui (Colbert), et qu'ils lui écrivent par « toutes les occasions tout ce qui se passera dans « l'étendue de leurs consulats, concernant le bien, « la conservation et augmentation du commerce « français. »

Le lendemain, 16 mars 1769, nouvelle instruction de Colbert aux consuls, aux termes de laquelle ceux-ci doivent observer rigoureusement la forme du gouvernement du pays où ils résident et, comme leur principale occupation doit être le commerce, s'informer avec soin de tout ce qui concerne ce commerce. Et puis Colbert leur trace avec un grand soin toutes les faces diverses qu'ils doivent envisager dans leurs observations.

Le 10 février 1670, instruction aux consuls de France dans le Levant, dans laquelle Colbert prescrit, comme remède à l'état languissant de notre commerce en Orient, la convocation exacte des assemblées de la nation, l'enregistrement de ces délibérations, la tenue du registre de ces décisions et l'envoi trimestriel de ce registre, tant au greffe de l'amirauté de Marseille qu'à la chambre de commerce de cette ville, d'où relevaient aussi nos consuls dans le Levant.

Le 26 décembre 1671, encore une instruction de Colbert aux consuls de France, dans laquelle il leur annonce la création d'une chambre des assurances à Paris, et leur enjoint de correspondre avec son directeur.

Comme on le voit, dans ses instructions, Colbert s'occupe presque exclusivement des attributions commerciales des consuls et de la centralisation de tous les renseignements que peuvent fournir ces agents, et la même pensée se dévoile dans sa correspondance. Nous y avons relevé six lettres spéciales, que ce ministre adressa à des agents consulaires, sur des questions délicates de leurs services. — On se convaincra, en les lisant, que si Colbert favorisa le commerce français, il commit la faute de vouloir river les sujets au sol natal, loin de les exciter à aller au dehors tenter la fortune. Ainsi, le 8 décembre 1870, il écrit au sieur Fouquier, vice-consul à Smyrne, qui se plaignait des défenses faites par le grand seigneur de cultiver la vigne dans ses États et d'y tenir taverne : « Elles (ces défenses) « obligeront un très-grand nombre de Français de « retourner dans le royaume. Elles empêcheront « qu'il n'en sorte à l'avenir dans l'espérance de « gagner leur vie à ce métier-là, qui n'a pour principe que la débauche et la fainéantise. »

Ce vœu de Colbert fut réalisé par l'art. 32 de l'ordonnance du 3 mars 1781, titre III. — Ainsi encore il écrit, le 4 décembre 1670, au consul de France à Lisbonne pour l'engager à rapatrier les ouvriers français qui travaillaient à la manufacture de serges situées sur les frontières d'Alem-Tejo. Voilà où ce grand homme fut conduit par l'excès de son système protecteur !

Si Colbert se préoccupa surtout des consuls au point de vue commercial, parfois il lui arriva de porter ses vues plus haut. C'est ce que prouve l'instruction qu'il envoya de Saint-Germain, le 12 juin 1870, au sieur de Nointel, ambassadeur de France à Constantinople. Cette instruction est triste à lire et montre combien, à cette époque, était corrompu le personnel des consulats. Parlant des violations antérieures des capitulations, le surintendant s'exprime ainsi : « Les consuls, d'ailleurs, ont donné les « mains et bien souvent ils se sont entendus avec « les pachas et autres officiers du grand seigneur « dans les Échelles, et ont partagé avec eux toutes « les avanies que leurs cruautés pouvait suggé- « rer. » Et plus loin il dit : « Les cruautés et les « mauvais traitements des pachas ont introduit la « coutume de former, dans chacune Eschelle, un « corps de nation française, lequel ils font assem- « bler toutes les fois que, pour empêcher les effets « de leurs cruautés, il faut leur donner quelque « argent. » Ce sont ces assemblées, irrégulièrement tenues et incomplètes, desquelles il avait déjà parlé dans son instruction du 10 février 1670. — Enfin Colbert oppose, à la mauvaise conduite de nos consuls, le bon exemple que donnaient les consuls d'Angleterre et ceux de Hollande.

Colbert ne se contenta pas de constater le mal. Il apporta le remède, et, avant de mourir, il légua à la France la grande ordonnance de 1681 sur la marine, dont le titre IX du livre Ier est consacré aux consulats, et qui, par elle-même et par des règlements tant antérieurs que postérieurs, prescrit des mesures pour limiter le pouvoir des consuls et prévenir les abus.

L'ordonnance de 1681 commence par déclarer qu'aucune commission ne peut être accordée à ceux qui n'ont pas trente ans, et qui ne sont pas citoyens français. C'était un usage suivi depuis le ministère du duc de Vendôme.

Puis l'ordonnance établit certaines formalités que le consul devra remplir à son entrée en fonction.— Mais ce que je tiens tout d'abord à constater, c'est qu'elle s'occupe des assemblées de la nation; or on a vu que cette question avait été l'objet de la préoccupation constante du surintendant. L'art. 4, titre IX, livre 1er, édicte une peine arbitraire, fixée à 30 livres par l'ordonnance du 26 déc. 1708, contre les Français résidant aux Échelles, qui refuseront, sans motif, d'assister aux assemblées. L'art. 5 fait, du reste, remarquer que les artisans ni les matelots ne pourront opiner. L'art. 6 exige que les résolutions de la nation soient signées de ceux qui y auront assisté. L'art. 7 s'occupe des députés de la nation et du compte de deniers qu'ils doivent rendre en présence des députés nouvellement élus et des six plus anciens négociants. L'art. 8 enjoint aux consuls d'envoyer, de trois mois en trois mois, au lieutenant de l'amirauté et à la chambre de commerce de Marseille copie des délibérations prises dans les assemblées. En résumé, ces art. 4, 5, 6, 7 et 8 sont tout simplement la reproduction, sous forme d'ordonnance, de l'instruction que Colbert adressait aux consuls du Levant, le 10 décembre 1670. L'ordonnance du 24 mai 1728 étendit d'ailleurs à tous les consulats la disposition prescrite par l'art. 8 pour les consuls du Levant.

C'est aussi pour tous les consulats que l'ordonnance de 1681, dans l'art. 9 du titre XII, demande aux consuls un mémoire sur les affaires importantes de leur circonscription.

On reconnait encore, dans l'art. 11, la rigueur avec laquelle Colbert voulait poursuivre les agents prévaricateurs, — et lui-même a dit combien ils étaient nombreux. — Cet art. 11 est très-important. Heureusement il est devenu d'une application rare. Et cependant, il y a moins de deux ans, il recevait encore, devant les tribunaux, son application, dans un procès retentissant. Voici quelle est sa disposition : « Leur défendons, en outre, à « peine de concussion, de lever plus grands droits « que ceux qui leur sont accordés, etc. » Et l'on sait que sous notre ancienne monarchie la peine de la concussion était arbitraire.

Avec l'art. 12 de l'ordonnance (*eodem titulo*) nous passons à un autre ordre d'idées, à l'exercice du droit le plus important des consuls : leur juridiction. L'ordonnance, quant au fond, renvoie aux usages et aux capitulations, et on conçoit qu'elle ne pouvait faire autrement. Qu'il nous suffise de rappeler la fameuse capitulation de 1435 et de 1740, que nous avons déjà eu l'occasion de citer. — L'ordonnance s'occupe seulement de la procédure. Elle nous dit quel doit être le personnel du tribunal consulaire, quelle est la force de ses jugements (art. 13), qui sont exécutoires, au civil, par provision en donnant caution, et qui, au pénal, sont sans appel lorsqu'il n'échoit pas de peine afflictive. — L'art. 14 laisse au gré des consuls la nomination des chanceliers. — L'art. 15 délimite le droit de police consulaire. — L'art. 19, en cas de contestation entre les consuls et les négociants, renvoie les parties devant le siége de l'amirauté de Marseille. Il était impossible, en effet, que le consul fût à la fois juge et partie dans le même jugement. Mais comment concilier cet art. 19 avec une phrase du Dictionnaire de Ferrière, ainsi conçue : « Il paraît que les consuls ont été établis à l'instar « des siéges généraux de l'Amirauté, puisque, « comme eux, ils n'ont d'autres supérieurs que les « les Parlements. » L'embarras n'est pas grand et l'explication me paraît toute simple. Le consul, comme président du tribunal consulaire, relevait du Parlement seul, comme les juges de l'Amirauté; mais, comme particulier, il était jugé au civil devant l'Amirauté.

Après avoir traité de l'organisation consulaire et et des attributions judiciaires de ces agents, l'ordonnance, suivant un ordre naturel, examine leurs attributions extra-judiciaires. Tel est le but des art. 20 à 22, qui, à cause du droit d'aubaine, ne pouvaient guère produire leur effet que dans les États de la Porte, et qui ont trait à l'inventaire du Français décédé à l'étranger. Tel est est encore le but de l'art. 23, relatif aux légalisations. Tel est surtout celui de l'art. 24, dont le maintien est encore aujourd'hui un sujet de contestation, et qui règle la forme des testaments solennels reçus en consulat : « Les testaments reçus par le chancelier « dans l'étendue du consulat, en présence d'un « consul et de deux témoins et signés d'eux, se- « ront réputés solennels ; » article qui règle, d'une manière complète, ces sortes de testaments et qui n'exige aucune autre formalité, par exemple, celle de la lecture.

Voilà sommairement quelles sont les principales données que l'ordonnance de 1681 contient sur les consulats : elle fut enregistrée dans tous les parlements (1) et est encore en vigueur dans toutes les dispositions qui n'ont point été formellement abrogées.

Voyons maintenant quelles modifications elle subit. Indépendamment de quelques transformations que nous avons indiquées, elle fut changée en certains points et complétée par différents actes législatifs et notamment par les ordonnances du

(1) Elle est la base de la juridiction des consuls, à cause de cette qualité qui manque, en partie ou même complètement, aux ordonnances postérieures.

mois de juillet 1720, du 24 mai 1728, du 6 juillet 1748, du 24 septembre 1776, du 28 juin 1778, et enfin du 3 mars 1781. Je passe sous silence certaines ordonnances moins importantes ou ne se rattachant pas directement à notre question, comme, par exemple, les ordonnances du 20 octobre 1685 et du 3 novembre 1700.

Il me faut indiquer, en peu de mots, quel était le contenu de ces actes que j'ai nommés. Une ordonnance du 4 janvier 1713 accorda aux consuls le droit de faire fonction d'officiers d'État civil pour les nationaux. Ce droit était antérieurement reconnu par l'usage en faveur du chapelain de l'ambassade ou du consulat (Pothier, *Traité du contrat de mariage*, n° 363. — Paris, 15 mars 1672).

Et 1° tout d'abord je remarque l'édit du mois de juillet 1720, qui réserve au roi la nomination des chanceliers dans les Echelles du Levant et de Barbarie et qui, quoique restreint dans son titre, fut cependant appliqué dans la pratique à toutes les contrées : c'est là une modification à l'art. 26 du titre IX, livre Ier de l'ordonnance de 1681.

2° Selon l'art. 27 de l'ordonnance du 24 mai 1728 (1), les Français qui refusent d'obéir aux ordres du consul doivent être déférés par lui à l'assemblée de la nation et déclarés exclus du corps national, sans pouvoir y rentrer, sinon par ordre exprès du roi.

3° L'ordonnance du 6 juillet 1748 défend à tous

(1) Cette ordonnance n'a été enregistrée dans aucun parlement.

les sujets du roi résidant aux Échelles d'y acquérir des biens fonds, et complète par là l'art. 10, livre Ier, titre IX de l'ordonnonce de 1681.

4° L'ordonnance du 27 septembre 1776 confère aux consuls une partie de l'administration dont les intendants des colonies étaient chargés, et leur ordonne de passer les marchés d'approvisionnements pour la flotte mouillant dans leurs parages.

5° Comme fluctuation administrative, je citerai aussi la question des appointements donnés aux consuls. Cette question fut, chez nos rois, l'objet d'une grande préoccupation. Déjà, avant Colbert, sous la surintendance du duc de Vendôme, un projet avait été formé; on devait retirer les commissions accordées aux consuls moyennant le remboursement de la finance, et leur substituer des gentilshommes ou d'autres personnes distinguées par la fortune et le talent, dont la fonction ne durerait que de trois à cinq ans, et n'accorder à ces nouveaux titulaires d'autres droits et émoluments que ceux qui étaient alors autorisés. Ce projet échoua et ne fut point repris par Colbert. La fonction de consul resta donc une office. Une seule chose varia; ce fut la nature des appointements et le mode de les acquitter. Par arrêt du conseil du 10 janvier 1778, Marseille fut chargée, en échange du droit de consulat perçu sur les marchandises venues du Levant, de payer les agents. Ce droit revint au roi par arrêt du conseil du 20 avril 1720. Puis, il retourna à la chambre de commerce de Marseille par arrêt du conseil du 25 septembre 1821. Mais, chose curieuse, cette chambre ne payait rien aux consuls de Négropont, de Rhodes, de Milet et de quelques autres villes. — Les émoluments des consuls furent eux-mêmes réglés, sur des bases différentes selon les pays, par de nombreux arrêts du conseil, dont on trouve la nomenclature dans le commentaire de Vaslin.

La modification la plus importante de l'ordonnance de 1681 fut apportée par l'édit du 28 juin 1778 (1), qui fut en vigueur en son entier jusqu'à la loi de 1836, et qui ne renferme pas moins de quatre-vingt-cinq articles. On peut dire de cet édit, qu'il fut à la fois dans l'ancienne France, pour nos consuls, un Code de procédure civile et un Code d'instruction criminelle. En effet, il se divise en deux parties bien distinctes : 1° les art. 1 à 39 s'occupent de la juridiction civile ; 2° les art. 39 à 82 traitent de la juridiction criminelle, et les art. 1, 82, 83, 84 de l'édit règlent le droit de police consulaire. — Le but de l'édit, tel qu'il est défini par le préambule lui-même, est d'accélérer les voies de l'instruction et d'affranchir expressément les consuls des formalités observées dans le royaume, qui sont, pour la plupart, impraticables sous une domination étrangère. En parcourant l'édit, nous allons voir cette idée mise en pratique.

Et d'abord, quant au civil :

1° (Art. 2) Peine de 1,500 livres d'amende contre

(1) Cet édit ne fut enregistré qu'au parlement d'Aix, mais il a été visé par la loi de 1836 qui l'a en partie maintenu.

les Français qui veulent se soustraire à la juridiction consulaire et déférer leurs différends aux tribunaux indigènes.

2° Deux notables suffisent maintenant avec le consul pour former le tribunal consulaire (art. 6); et même, en cas d'impossibilité, le consul peut juger seul, à condition de faire mention de cette impossibilité dans les sentences.

3° Devant ce tribunal, la procédure est des plus sommaires. D'abord point de ministère public. Point d'avoué. La partie présente elle-même sa requête, qui est signifiée par le chancelier. Les parties comparaissent en personnes. Dispense d'assignation a lieu dans plusieurs cas. — Et s'il y a eu jugement par défaut, le délai d'opposition est réduit à trois jours. Comme il est facile de l'observer, cette procédure a une grande similitude avec la marche que suit aujourd'hui une affaire de la compétence des juges de paix.

Là se bornent les dispositions nouvelles que l'édit renferme sur la procédure civile; les autres articles ne font que reproduire au fond l'ordonnance de 1681.

Passons au criminel. Ici encore pas de ministère public. Le consul est juge d'instruction et il agit seul, qu'il y ait ou non flagrant délit. Les diverses règles de son ministère lui sont tracées avec un soin minutieux, et l'édit suit pas à pas la marche de l'instruction criminelle, dans les détails de laquelle nous ne pouvons entrer. Mais si le consul est uniquement chargé de l'instruction des crimes, là ne se borne pas sa mission, quand il s'agit de délits, ainsi que le laisse entendre l'édit de 1778. Toutes les affaires n'entraînant aucune peine afflictive ni infamante sont déférées au tribunal consulaire, dont le consul est président, et il importe de remarquer qu'ici ce tribunal doit, même d'après l'édit de 1778, être composé du consul et de quatre notables, et non, comme le veut notre édit pour les affaires civiles, du consul et de deux notables seulement. Cette opinion qui, du reste, semble admise par Ferrière et Denizart, nous paraît ressortir par à contrario de l'art. 85 de l'édit de 1778.

Reste une prérogative très-importante, ce droit de police, qui donne aux consuls un pouvoir discrétionnaire immense, mais commandé par de hautes nécessités politiques. Ce droit a toujours été reconnu aux consuls du Levant, et il est impossible qu'il en soit autrement. L'édit de 1778 a seulement voulu, comme contrôle et contrepoids à ce pouvoir, que les consuls rendissent de leurs décisions un compte exact et circonstancié au secrétaire d'État ayant le département de la marine.

Pour terminer cette étude rapide des documents anciens relatifs aux consulats, il nous reste à dire quelques mots des ordonnances du 3 mars 1781.

L'une, que nous ne ferons que nommer, concerne les registres de l'État civil et les actes de donation et de testament aux Échelles du Levant. Nous n'y insistons pas, parce qu'elle ne concerne point directement les consuls.

Nous devons plus insister sur l'autre, car celle-ci a directement trait aux consulats dans le Levant et la Barbarie. Le but de cette ordonnance (1) est un but de collection et de perfectionnement. Ceux qui voudront se faire une idée d'ensemble sur l'organisation et les attributions des consuls à la veille de la Révolution n'auront qu'à lire ce document. Quant à nous, qui cherchons dans une esquisse historique les perfectionnements successifs de cette institution, nous devons seulement rechercher quels changements l'édit de 1781 a apportés à la législation antérieure.

Nous y remarquons les règlements sur les drogmans employés dans le Levant et sur les dépôts faits à la chancellerie (art. 128 à 133).

Nous y remarquons deux articles fort sages sur les prêtres exerçant dans le Levant et placés sous la protection française. Le premier de ces articles est ainsi conçu : « Leur défend S. M. de s'immiscer « dans les affaires de la nation française... à peine « d'être renvoyés en chrétienté. » Le deuxième article s'exprime ainsi : « Défend pareillement S. M. « tant aux prêtres et autres religieux français qu'à « ceux qui sont sous sa protection, de marier au« cun de ses sujets, sans s'être assurés, par l'am« bassadeur et les consuls, que lesdits sujets en

(1) Elle n'a été enregistrée dans aucun parlement.

« auront obtenu la permission du secrétaire d'État
« ayant le département de la marine, à peine d'être
« renvoyés en chrétienté. »

L'art. 32 défend aux Français établis dans les échelles du Levant et de Barbarie de s'assembler sans la permission du consul.

La police des navires marchands est parfaitement organisée par l'ordonnance.

Il faut en dire de même de la police générale. De nombreuses prohibitions y sont édictées dans l'intérêt de l'honneur national et de la sûreté individuelle.

Enfin, l'ordonnance se clôt par une série d'articles sur les naufrages et par un titre entier, consacré aux rapports du consul avec la marine militaire.

Pour que le consul pût librement exercer ces fonctions si diverses, si compliquées, si accablantes, nos rois eurent soin de stipuler en leur faveur, au moins pour le Levant, de grands priviléges diplomatiques.

Les principaux de ces priviléges furent :

1° De ne payer aucune taxe ni impôts, et d'éviter ainsi toute vexation attachée à l'idée de tribut (art. 16 et 22 de la capitulation entre Henri IV et le sultan Achmet, le 20 mai 1604).

2° De ne pouvoir être emprisonné pour quelque cause que ce soit, sauf à demander justice contre eux, à la Porte (art. 19 de la 1re capitulation, et 17 de la dernière).

3° D'exercer librement le culte national dans l'intérieur du consulat.

Et si parfois, — comme il n'y a pas lieu de s'en étonner, — les autorités musulmanes enfreignirent ces lois du droit international, nos rois ne reculèrent pas devant les moyens les plus énergiques pour réprimer ces écarts criminels et assurer le respect des capitulations.

De tous les documents que nous venons de produire et d'analyser, des traités qu'il faut lire, des usages qui suppléaient souvent aux traités, il résulte que, dans notre ancienne monarchie, les fonctions des consuls ont été multiples. Si, en certains points, et à cause des lois religieuses, comme pour le mariage par exemple, ils avaient des attributions moins étendues que de nos jours, sur presque tout le reste ils avaient des fonctions aussi importantes et aussi variées. On vit se former successivement la distinction aujourd'hui si profonde entre les consulats en pays musulmans et les consulats en pays de chrétienté; ceux-ci chargés presque exclusivement de la protection du commerce, ceux-là investis de véritable caractère diplomatique, à la fois conseillers, protecteurs, juges, notaires de leurs nationaux, cumulant entre leurs mains toutes les prérogatives que les traités accordaient à leur gouvernement, et exerçant le le privilége d'exterritorialité dont les princes musulmans s'étaient désaisis en notre faveur. A ce point même que nos agents avaient déjà sous leur protection le culte catholique, tous les étrangers occidentaux compris sous le nom de Francs, et même nos coréligionnaires d'Orient. — Cette distinction qui s'établit avec le temps, cette délimitation restrictive des attributions consulaires dans les pays de chrétienté, s'expliquent par la définition des attributs de la souveraineté qui s'accentua avec le temps, et par la diminution des juridictions spéciales. Et toutefois, il n'y a pas longtemps que cette distinction a été établie en pratique d'une manière générale et absolue ; car l'administration de la justice était encore reconnue à nos consuls par une convention avec la république de Raguse, du 2 avril 1776, et par une autre convention avec les États-Unis du 14 novembre 1788, toutes deux abrogées.

DROIT INTERMÉDIAIRE.

La Révolution apporta peu de changements direct, à cette législation consacrée par le temps.

Une 1re loi des 28-29 juillet 1791 déclara libre à tous les Français le commerce du Levant, moyennant un cautionnement qui persista. Mais cette loi fut de courte durée : un arrêté du 4 messidor, an XI, revint à l'ancien ordre de choses. La liberté commerciale du Levant fut proclamée par les gouvernements postérieurs.

Ce qui dura fut le changement hiérarchique qu'apporta la loi du 10 vendémiaire de l'an IV. On a vu que les consuls, sous l'ancienne monarchie, dépendaient du ministère de la marine. La loi du 10 vendémiaire an IV, à nos yeux, accomplit un grand progrès en les faisant passer sous la surveillance du ministre des affaires étrangères.

Sous le consulat de Bonaparte, ces agents prirent le nom de commissaires aux relations commerciales qu'ils quitteront plus tard pour reprendre leur ancien nom de consuls.

L'influence indirecte de la Révolution se fit aussi vivement ressentir sur l'institution consulaire; la suppression des amirautés et des parlements souleva bientôt des embarras extrêmes, qui nécessitèrent, sous le règne de Louis-Philippe, une refonte générale des anciennes ordonnances; ce travail fera l'objet du chapitre suivant.

DROIT ACTUEL.

> Les attributions d'un Consul sont variées à l'infini.
>
> TALLEYRAND.

DES CONSULATS.

Le temps n'est plus où David Warden, consul général des Etats-Unis, pouvait être « surpris de « ne trouver dans aucune des bibliothèques de « Paris pas même un simple mémoire écrit *ex* « *professo* (1) » sur les consulats, où les publicistes s'étendaient peu, selon l'expression de F. de Cussy, sur les fonctions et immunités consulaires.

Les ouvrages de Borel, de Bursotti, de Ferdinand de Cussy, de Laget de Podio, de Pinheiro Ferreira, de Martens, de Féraud Giraud, etc..., les articles des répertoires de jurisprudence et surtout l'excellent guide diplomatique de MM. de Clercq et Vallat, ont longuement traité de la matière des consulats et ont laissé peu de place aux observations personnelles.

(1) De l'origine, de la nature, des progrès et de l'influence des établissements consulaires, par David Boilie Warden, consul général des Etats-Unis à Paris, docteur en médecine du collége de Newburg, 1815.

D'autre part, des ordonnances nombreuses, des lois plus ou moins récentes, répondant à des besoins nouveaux, ont encore modifié et enrichi la législation antérieure. Qu'il me suffise en ce moment de citer les ordonnances de 1833, rendues sous le ministère de Broglie, la loi du 28 mai 1836 sur la juridiction criminelle des consuls de France dans le Levant, la loi de 1858 sur les consuls dans la Perse, les lois de 1852 sur les consuls en Chine, et de 1862 sur ces agents au Japon.

Enfin, sous l'empire de ces actes législatifs, s'est développée une jurisprudence assez compacte, formée presque exclusivement des arrêts de la Cour d'Aix et de plusieurs arrêts de la Cour de cassation. Cette jurisprudence va grandissant chaque jour : « Il y a quelques mois, écrit M. Féraud Giraud, président de chambre à la Cour d'Aix, il n'y avait point moins de vingt affaires du Levant sur le rôle civil de cette cour. »

CHAPITRE Ier.

NOMINATION ET ORGANISATION.

Nos consuls sont nommés par le chef de l'État, aujourd'hui le Président de la République, sur la présentation du ministre des affaires étrangères.

Et l'on sait que, depuis une loi de l'époque intermédiaire, la loi du 1er octobre 1795 (10 vendémiaire an IV), ils relèvent de son administration. La question de savoir de quel département ministériel ils devraient dépendre est un grave problème à résoudre. Et il y en a peu de temps encore, au dire de la presse, elle faisait l'objet d'un vif débat dans le sein même du cabinet. Un projet avait été étudié, d'après lequel les consuls, au lieu de relever du département des affaires étrangères, auraient été placés sous la direction du ministère du commerce. Ce projet fut combattu, ainsi qu'il fallait s'y attendre, par M. de Broglie, et finalement repoussé. Il est probable que ce n'est pas la dernière fois qu'il sera question de rattacher les consulats à une autre direction générale. MM. de Clercq et de Vallat s'élèvent avec force contre de telles prétentions, et ils nous semblent être dans la vérité. Le consul, en effet, est un agent politique. Si sa principale préoccupation, comme le voulait Colbert, doit être le commerce, toujours est-il que cette préoccupation doit avant tout avoir lieu dans un but politique ; et, eu égard à la sanction terrible du droit de protection nationale, il importe que cet agent relève directement du ministre des affaires étrangères. D'ailleurs, lors de cette discussion récente dans le sein du cabinet, M. le ministre du commerce paraissait avoir trouvé une transaction heureuse. Nous lisons dans un article du journal *la Liberté*, en date du dimanche 27 juillet 1873 : « M. de la Bouillerie a résolu d'envoyer à l'étran- « ger des commissaires chargés d'étudier, *au point « de vue du commerce* d'importation et d'exporta- « tion, les localités avec lesquelles nous sommes

« en relation d'affaires et celles avec lesquelles les « transactions pourraient être établies. Les com- « missions transmettraient au ministre des rap- « ports détaillés sur le commerce desdites localités, « rapports dans lesquels seront indiqués les pro- « duits français qui auraient le plus de chance d'y « trouver un placement avantageux..... Les rap- « ports traiteront de la grave question des chôma- « ges, de la hausse et de la baisse des matières « premières, des causes des oscillations dans l'offre « et la demande, et, enfin, de l'entente bonne ou « mauvaise entre patrons et ouvriers..... Ce serait « là, on ne saurait le nier, une instruction intelli- « gente. » Sans doute, cette instruction pourrait satisfaire ceux qui désirent que le gouvernement s'immisce dans les questions de commerce et de- vienne une sorte d'agent d'affaires et de courtier dans l'intérêt des négociants. Ce système, nous ne l'admettons pas. Nous pensons que, dans un pays libre, le gouvernement ne doit pas entrer dans ces détails. C'est aux particuliers de prendre les ren- seignements qui les concernent à ce sujet. Leur intérêt sera leur meilleur guide. Si le gouverne- ment a des agents à l'étranger, il est de son devoir de leur demander des comptes-rendus sur la situa- tion des différents pays où ils sont envoyés ; mais il n'est pas tenu de livrer ces rapports à la publi- cité, et le secret politique est considéré par la loi comme un devoir si essentiel que le fait par le consul de publier sans autorisation ses rapports entraîne contre lui la peine de mort édictée par les art. 76 et 80 du Code pénal.

Tel qu'il est depuis cinquante ans, le système hiérarchique des consulats français n'est pas mauvais. Déjà, en 1815, après vingt ans de ce régime, un homme compétent et que sa situation d'étranger rendait impartial, Warden, écrivit ces lignes, en parlant de nos consuls : « C'est de cette classe « d'agents éclairés que la France a retiré, relative- « ment à divers pays, des notions très-précieuses « et très-utiles, qu'elle a promptement et sagement « employées pour augmenter ses manufactures et « sa puissance. Ce grand objet ne fut pas oublié, « même au milieu de la Révolution. » Et Warden montre ensuite que le gouvernement français, s'il ne se croit pas obligé à divulguer les rapports de ses agents, ne refuse jamais de les employer dans l'intérêt de la science et de l'intérêt national (1).

Nous lisons, d'autre part, dans un article inséré au *Dictionnaire du commerce et de la navigation* que « l'importance et la variété de leurs services, non moins que l'intérêt bien entendu de nos nationaux sont des raisons qui militent en faveur du maintien de l'organisation actuelle. »

Toutefois il est regrettable qu'on n'ait pas reproduit, lors de la réorganisation des consulats, l'arrêté du 20 prairial an VIII, tombé en désuétude, qui por-

(1) Le gouvernement vient d'en donner un exemple tout récent par la communication qu'il a faite à la Société géographique du rapport de M. Hepp, consul général à Christiania.

tait que l'agent ne pourrait être destitué que sur le rapport d'une commission devant laquelle il était appelé à présenter sa justification.

Le ministre des affaires étrangères est le directeur suprême des consulats. Chacune des cinq directions de son ministère comprend, dans ses attributions, la surveillance de certaines fonctions des consuls. L'une de ces directions est surtout chargée de ce rôle et porte le nom de Direction des consulats : les consuls en ressortent comme agents commerciaux. Les relations purement juridiques des consuls avec le ministère des affaires étrangères ont lieu sous le timbre de la direction des archives. C'est à cette direction que doivent être légalisés les actes que l'on veut exécuter dans le ressort d'un de nos consulats. C'est au bureau de la chancellerie que les agents envoient une expédition de tous les actes de l'état civil dressés par eux à l'étranger ; c'est là aussi que sont transmis les renseignements relatifs aux successions des Français décédés en pays étranger.

Au-dessous du ministre des affaires étrangères et de ses employés, se trouvent des intermédiaires auxquels peuvent et doivent s'adresser les consuls. Les intermédiaires sont les ambassadeurs, là où les consuls ne cumulent pas, en l'absence d'ambassadeurs, sous le nom de chargés d'affaires, les attributions consulaires et les attributions diplomatiques.

Dans certains cas, les consuls sont autorisés à correspondre directement avec d'autres ministères que le ministère des affaires étrangères; mais alors même ils doivent en rendre compte à leur chef hiérarchique, le ministre des affaires étrangères.

Tout le monde sait qu'il y a trois sortes de consuls :

Les consuls généraux,
Les consuls de 1re classe,
Les consuls de 2e classe,

sans compter les élèves consuls.

Le consul général est le chef du département consulaire. Il doit inspecter les consulats formant les arrondissements respectifs de son département, éclairer les consuls par ses avis, recevoir leurs communications. Mais il n'a point d'ordre à leur donner. Il a rang de contre-amiral et jouit d'un traitement considérable, dont quelques-uns —pour le grand mal du pays et pour le leur — n'ont pas cru utile de se contenter.

Quant aux consuls de 1re classe et de 2e classe, il n'y a entre eux qu'une différence d'avancement et de traitement.

D'après une ordonnance du 26 avril 1845, qui a étendu les règles de l'ordonnance du 20 août 1833, les 3/5e des postes vacants dans les consulats sont réservés aux consuls de 1re et de 2e classe et aux élèves consuls. Le reste est donné aux personnes comprises dans certaines catégories fixées par l'ordonnance.

A l'exception de Londres, nous n'avons pas de consul général dans les villes où nous avons une mission permanente; le chargé d'affaires ou le chancelier d'ambassade fait les fonctions de consul.

Dans ces derniers temps, par mesure d'économie, certains postes consulaires ont été supprimés. D'autres postes ont été réduits à un rang inférieur.

L'institution des élèves consuls, créée par l'ordonnance de 1781, et résultat de la mission de M. de Tott dans le Levant, a été rétablie par l'ordonnance du 15 décembre 1815 et est aujourd'hui régie par les ordonnances du 20 août 1833 et du 26 avril 1845. Certains grades universitaires, la connaissance des langues étrangères, et un concours sont, en résumé, les exigences que demandent ces ordonnances pour être admis dans ce corps. Les élèves consuls sont attachés aux consulats et peuvent être chargés, par intérim, de ces fonctions.

Je ne parle pas maintenant des autres agents consulaires; je me réserve d'en dire quelques mots dans un appendice.

Doit-on considérer comme subsistant la disposition de l'ordonnance de 1681 qui voulait qu'aucune commission consulaire ne fût accordée à un étranger? Nous adoptons entièrement les raisons qui ont fait décider Merlin (Répert., V° *Consuls français*, § 3, n. 1), Pardessus (*Droit commercial*, n. 1439) et Dalloz pour l'affirmative. Les consuls, en effet, sont des fonctionnaires, et il est de principe qu'on ne peut être fonctionnaire accrédité par le gouvernement français qu'autant qu'on jouit de la qualité de citoyen français. Avant l'ordonnance de 1845, on se demandait si l'on devait aussi considérer comme toujours en vigueur la disposition de l'ordonnance de 1681, qui exigeait l'âge de trente ans pour être nommé consul. M. Dalloz pense que non; « car, dit-il, l'ordonnance du 20 août 1833 « veut, il est vrai, que les rédacteurs du ministère « des affaires étrangères ne puissent être nommés « consuls qu'après cinq ans d'exercice de leur « grade, ce qui rendra difficile aux mineurs de « 25 ans d'être élevés à ce poste; mais, comme il « peut se faire qu'on soit rédacteur du ministère à « l'âge de 16 ans, il en résulte qu'à vingt et un « ans on peut se trouver placé dans la catégorie des « candidats ». Ils ne peuvent aujourd'hui être consuls qu'à trente ans.

Ce sont là des questions très-subsidiaires. Ce qu'il importe plus de constater, c'est que nos consuls (1) sont des consuls envoyés. Grâce à cela, nous avons un des meilleurs corps consulaires de l'Europe, plus considéré que tout autre, plus indépendant de l'État où il réside, plus soucieux des intérêts des nationaux, plus soumis au gouvernement dont il dépend. Espérons qu'un jour ce système, vanté par les diplomates les plus accrédités de l'étranger, se généralisera en Europe!

Le consul une fois nommé reçoit, sous le nom de patente, une commission signée par le Président

(1) Voyez en faveur du système français, ce que dit Borel au chapitre des qualités requises dans le consul.

de la République. Lors de son arrivée, il doit présenter cette commission au gouvernement près duquel il est appelé à remplir ses fonctions, et il reçoit en échange l'exequatur du souverain du pays. Tantôt il doit payer certains droits pour l'obtenir ; tantôt cet exequatur lui est accordé sans frais (V. Décret du 11-15 septembre 1856, portant protant promulgation de la convention consulaire conclue entre la France el les États-Unis d'Amérique). C'est de ce jour-là seulement qu'il est investi vis-à-vis de tous de son caractère public, qu'il communique avec les autorités, qu'il peut arborer au-dessus de sa porte le pavillon national et jouir de tous les priviléges attachés à sa charge (V. dans le sens de notre opinion un arrêt de la Cour de Paris en date du 25 août 1842, qui déclare que les consuls étrangers qui n'ont pas obtenu l'exequatur ne peuvent prétendre aux immunités).

CHAPITRE II.

DES PRIVILÉGES CONSULAIRES.

Nous touchons à une question célèbre dans l'histoire des consulats, célèbre par les controverses animées qu'elle a suscitées parmi les auteurs, célèbre aussi par les graves difficultés qu'elle a soulevées dans la pratique. Je veux parler du caractère diplomatique des consuls. Le consul est-il un ministre public ? Jouit-il de la plénitude des priviléges diplomatiques? C'est là une question déjà ancienne, discutée dès le XVIIe siècle (1) agitée au conseil des prises par Portalis (2), et encore vivement contestée de nos jours (V. l'affaire du consul Pierre Mandato, qui se passa à Naples en septembre 1863).

Tandis que les uns comme Wicquefort, Martens, Wattel, Wheaton, refusent au consul le caractère diplomatique, d'autres, comme M. de Clercq et M. Pinheiro Ferreira, le lui accordent dans sa plénitude. Mais, nous l'avouons, la lecture de ces auteurs ne nous a pas laissé bien nette dans l'esprit la question même qui s'agite. Car il est évident tout d'abord qu'une distinction bien tranchée doit être faite entre les consuls dans le Levant et les consuls en pays de chrétienté. Les premiers étant, sous le titre de chargés d'affaires, de véritables agents diplomatiques attitrés, il s'ensuit que pour eux le problème ne peut être posé. Il est évident encore que la solution de la question est subordonnée à une foule de considérations pratiques, aux usages constants, aux traités explicites, aux réserves insérées dans les exequatur. Bien qu'ainsi circonscrite, notre question a encore son importance et, pour en

(1) D'Avaux, dans ses Mémoires (tome V), dit que, dans les disputes entre la France et les Provinces-Unies, celles-ci soutinrent que le consul était une sorte de ministre public.

(2) Voir Varden. Ce qui donna lieu à cette discussion fut un procès qu'un Américain intenta à l'agent des relations commerciales de France à Gênes.

donner de suite un exemple, on peut rappeler le différend qui survint après l'arrestation du consul anglais Pritchard à Papaëte et qui faillit aboutir à une guerre entre la France et l'Angleterre; c'est que l'injure faite à un agent diplomatique est une insulte directe faite à la nation que cet agent représente. Autre intérêt : si le consul est un agent diplomatique, il ne sera pas besoin de traités pour qu'un peuple ait le droit d'envoyer des consuls chez un autre peuple. Troisième intérêt : si le consul est un agent diplomatique, lors de son décès à son poste les objets mobiliers qui se trouvent dans son hôtel ne sont point assujettis au droit de mutation.

En France, nous dit Dalloz, le gouvernement admet que les consuls sont des ministres publics. Malgré l'autorité des auteurs qui partagent cette opinion, nous ne pensons pas que ce soit la vraie doctrine. Nous estimons, d'après MM. Sebire et Carteret, que les consuls n'ont pas la plénitude d'indépendance et d'inviolabilité qui s'attache au caractère diplomatique et qu'aucun privilége ne leur est dû en dehors des prérogatives indispensables à l'accomplissement de leurs fonctions (1). Comme exemples de ces prérogatives inutiles, nous citerons les exemptions de la douane, du reste peu recherchées de nos jours même par les ambassadeurs.

(1) C'est aussi l'opinion que semble adopter M. Achille Morin, conseiller à la Cour de cassation. Il accorde au consul « une certaine protection du droit des gens. » Lois relatives à la guerre, tome I, page 106.

Comme exemple de priviléges nécessaires aux consuls, nous nommerons l'inviolabilité des archives. Et même, en Angleterre, dans cette terre de la diplomatie, le privilége des archives consulaires n'est pas admis ; et le consul est si peu considéré comme un ministre public qu'aux fêtes données par la Cour on invitera l'ambassadeur et tous les attachés d'ambassade, et que pareille faveur ne sera jamais faite à un consul, fût-il même le consul général de France à Londres. Et chose bizarre ou plutôt toute naturelle eu égard au caractère britanique, ce fut ce même gouvernement britanique qui réclamait avec tant d'irritation, en 1847, contre l'arrestation du consul Pritchard, alors que ce Pritchard s'était mis, par ses intrigues, en dehors des principes du droit des gens.

L'exterritorialité rentre-t-elle dans le nombre des priviléges indispensables au consul ? Il semble bien que oui au premier abord ; car quoi de plus contraire au libre exercice d'une fonction que le droit de mettre un fonctionnaire en état d'arrestation ? Et cependant, logiques avec notre principe, nous persistons à soutenir qu'en pays chrétiens, dans le silence des traités, le consul ne peut prétendre à cette prérogative. Nous répondrons à l'objection que, par priviléges indispensables aux consuls, nous entendons les priviléges sans lesquels l'institution des consuls ne peut fonctionner d'une manière libre et continue. Mais ici ce principe n'est point atteint : le consul ne sera pas empêché dans ses fonctions par un procès à Vienne où il réside, plus qu'il ne le serait par une instance à suivre à Paris. Il en sera autrement, sans doute, en matière criminelle et correctionnelle. Mais alors le consul sera remplacé par le vice-consul ou l'élève consul et l'institution fonctionnera toujours. Il est vrai que, en cas de péril imminent et quand il y a lieu de craindre des actes violents contre les Français, le consul est investi du droit d'appel aux forces navales. Mais tout d'abord l'exercice de ce droit ne se présente qu'en cas de difficultés extrêmes; alors il faut aviser au plus vite, et que presque toujours les communications sont interrompues entre le consul et l'ambassadeur; et, en outre, remarquons que ce droit n'est pas tant une prérogative diplomatique que la sanction naturelle de la protection du commerce et de la sûreté nationale, protection dont est chargé le consul.

Notre solution est conforme aux considérants d'un arrêt de la Cour d'Aix, en date du 14 avril 1829 (Sirey et de Villeneuve 30. 3.190) et d'un arrêt de la Cour de Rouen du 27 juin 1849 (Sirey et de Villeneuve, année 1850, t. XXXIV). Il n'y a aucune raison pour ne pas appliquer aux consuls de France à l'étranger les dispositions que ces arrêts contiennent sur les consuls étrangers en France.

Notre solution est aussi conforme à l'opinion générale des auteurs qui ont écrit sur cette question. « En matière civile et criminelle, dit Wheaton dans son chapitre sur les consuls, ils sont

« soumis à la juridiction locale » (1). M. Pardessus, se prononce pour la non-exterritorialité, mais en même temps il fait remarquer que les tribunaux français, devant lesquels ou voudrait faire valoir une condamnation obtenue contre un consul en pays étranger, pourraient n'y avoir aucun égard. — Toutefois Varden, (page 106) enseigne qu'il est nécessaire, pour poursuivre un consul à raison d'un crime ou d'un délit, de demander l'autorisation à son gouvernement. Wattel va même plus loin, (*Droit des gens*, livre II, § 34), et il estime que le consul doit être renvoyé à son gouvernement pour être jugé, ce qui peut être d'une sage conduite mais ne nous semble pas trancher la question.

Il est clair, d'ailleurs, avons-nous besoin de le répéter, que toute discussion deviendrait inutile si une règle contraire était établie par les traités. Et c'est en effet ce qui a lieu aujourd'hui pour la plupart des États. C'est ainsi qu'aux termes d'une convention de 1853, entre la France et les États-Unis, les consuls de France jouissent de l'exterritorialité, hors le cas de crime. C'est ainsi encore que l'exterritorialité leur est accordée en Hollande (Ord. du 5 juin 1852). C'est ainsi que l'immunité est refusée à nos consuls en Espagne seulement en cas de crimes atroces et pour dettes commerciales (Traité de 1769). Même immunité qu'en Espagne

(1) V. aussi dans le sens de notre opinion, M. Rolland de Villargues, Répertoire du notariat, au mot *Consul*.

ou en Hollande doit être accordée à nos consuls dans les pays où nous sommes placés sur le pied de la nation la plus favorisée, par exemple en Russie et en Grande-Bretagne.

Si d'ailleurs le consul était un agent diplomatique, de même qu'il ne pourrait être refusé sans motif, de même aussi, pour le renvoyer, il faudrait obtenir un ordre de son gouvernement. Or, il n'en est rien en pratique. Et si le consul se rend coupable d'une conduite illégale ou inconvenante, l'exéquatur qui lui a été accordé lui est retiré sans que ce fait émane directement de l'État que l'agent représente. Cette révocation est d'ailleurs très-rare.

Si le consul était un agent diplomatique, en cas de changement politique, de révolution dans son pays, il recevrait de nouvelles lettres; mais non! Pour qu'il continue ses fonctions, il n'est nécessaire qu'il obtienne ni nouvelle patente, ni un nouvel exequatur.

Cette doctrine, à laquelle nous nous rallions, a été adoptée par la Cour de Paris dans un arrêt du 3 avril 1841, ainsi motivé :

« Attendu que, quand Delong justifierait de sa qualité de consul, cette qualité ne lui donnerait pas le caractère d'agent diplomatique et qu'il ne jouirait pas des immunités accordées à ce titre. »

De ce que nous venons de dire, il résulte que le consul doit être soumis à la saisie conservatoire des meubles pour les dettes civiles qu'il a contractées. Dans les pays où la contrainte par corps n'est pas supprimée, il doit se soumettre à cette voie rigoureuse d'exécution : telle était spécialement la conséquence tirée par la Cour de Paris dans l'arrêt que nous citions tout à l'heure. (Notez cependant l'art. 2, de la convention, conclue entre la France et l'Espagne le 13 mars 1769.)

Doit-on reconnaître au consul le droit d'asile? L'auteur de l'article « *Consul*, » inséré au Dictionnaire de la conversation, n'hésite pas à l'admettre. D'après lui, « la maison consulaire offre un asile « assuré à tous les nationaux qui viennent se met- « tre sous l'autorité des consuls, non pas que la « justice du pays puisse être sans force devant cet « obstacle; mais il faut alors qu'elle s'adresse au « consul. » Nous ne saurions nous ranger à cette opinion qui est d'abord contraire à notre principe, et qui de plus a le défaut de se contredire elle-même, car je pourrais demander à l'auteur de cet article ce qu'il entend par un tel droit d'asile, à quoi ce droit peut aboutir, quelle est sa raison d'être. Si la justice du pays doit triompher de l'obstacle, à quoi bon l'obstacle lui-même? Sera-ce de procurer au national la recommandation du consul, comme le droit d'asile au moyen âge procurait la recommandation de l'Église? Mais l'accusé français n'a pas besoin du droit d'asile consulaire pour jouir de ce privilége; cette protection lui est due de plein droit sans qu'il y ait besoin de recourir à l'asile.

Le consul rentre-t-il sous l'application de

(1) V. Moreuil, dictionnaire.

l'art. 75 de la constitution de l'an VIII? Ici l'affirmative ne nous semble pas douteuse. Car qui nierait de voir en lui un agent du gouvernement, investi d'une autorité propre? Ce point a été parfaitement établi par une lettre du 19 floréal, an VIII, émanée de de Portalis, alors qu'il était commissaire du gouvernement au département de la justice. Du reste, cette exception à l'art. 1382 du Code civil, insérée dans l'art. 75 de la constitution de l'an VIII, a été abrogée par un décret récent de 1870. — Cependant la qualité d'agent du gouvernement a encore son importance pour le consul, pour qui elle reste une circonstance aggravante, aux termes des art. 16 à 200 du Code pénal. Parmi ces articles, ceux qui doivent particulièrement concerner les consuls sont ceux qui ont trait à la concussion, aux soustractions commises frauduleusement par les dépositaires publics, à l'immixtion des fonctionnaires dans des opérations de commerce incompatibles avec leurs qualité, à la corruption des fonctionnaires et aux abus d'autorité.

Heureusement pour l'honneur de nos mœurs publiques, les annales judiciaires ne nous montrent pas qu'une application fréquente de ces articles et d'autres articles du Code pénal ait pu être faite aux consuls. Et toutefois, dernièrement la Cour de Paris rendait deux arrêts retentissants contre deux agents haut placés, sur des faits que nous examinerons plus tard lorsque nous nous occuperons en détail des devoirs des consuls. Je veux parler de l'arrêt du 21 mai 1873 contre le consul général de G. B., et l'arrêt antérieur du 25 janvier 1872 contre le consul général P., arrêts rendus tous les deux par la Chambre des appels de police correctionnelle sous la présidence de M. Rohaut de Fleury. Ces arrêts visaient les art. 406 à 408 du Code pénal.

D'après Martens, l'usage de l'Europe est d'exempter les consuls envoyés et les nôtres par conséquent, du logement militaire, du service de la garde nationale et bourgeoise, de l'impôt personnel, de toutes les impositions directes et impersonnelles; mais la crainte des fraudes leur a fait refuser l'exemption des impôts indirects (Voir aussi en ce sens Laget de Podio).

Les agents consulaires sont censés n'avoir pas quitté la France; Ils y conservent leur domicile et l'exercice de leurs droits politiques (voir en ce sens le dictionnaire de Moreuil, au mot *Présidence*). Mais, à la différence des *legati* romains, ils peuvent se faire excuser de la tutelle.

En Prusse, les sujets qui sont chargés à l'étranger, soit comme consuls, soit comme chanceliers, de la gestion d'un consulat, sont exempts du service militaire. En France nous n'avons aucune disposition semblable dans la loi du 27 juillet 1872 sur le recrutement de l'armée.

Dans tout ce que nous avons dit jusqu'ici des consuls, nous avons réservé ce qui concerne les consuls dans le Levant, la Barbarie, la Chine, Mascate et le Japon. Dans ces pays, les prévarications scandaleuses des pachas ou des mandarins, les odieuses confiscations, la violation fréquente des principes les plus élémentaires du droit des gens, ont imposé la nécessité de donner aux consuls les plus grands pouvoirs. Indépendamment du privilége de la juridiction qui fera l'objet d'un chapitre spécial, ils jouissent de l'exterritorialité et de l'inviolabilité, de la liberté du culte dans l'intérieur de leur palais. Ils sont exempts de tous impôts et ne peuvent être arrêtés sous quelque prétexte que ce soit. Leur maison est un asile inviolable dont ils ne peuvent fermer l'accès à un sujet franc poursuivi par les autorités locales, (V. Borel, *Pouvoir du consul*). Ils ont même préséance sur les consuls des autres pays (Capitulation de 1740, art. 44). En cas d'arrestation d'un sujet franc, ils peuvent le réclamer en s'en rendant caution. Ce sont de véritables agents diplomatiques, et il est à remarquer avec Rolland de Villargue que, quant aux actions qu'un Français aurait à former contre un consul de sa nation, il ne doit pas, sous peine d'amende, le poursuivre devant les tribunaux locaux, mais devant les tribunaux français. Toutefois, dans ces pays, tout au moins dans les États de la Porte, nos consuls ne jouissent pas des prérogatives diplomatiques dans la même mesure que les ambassadeurs. Tout d'abord, ils dépendent de notre ambassadeur et de plus, s'ils commettent un délit ou un crime, ils ne peuvent exciper du privilége de l'exterritorialité. Le seul avantage qu'ils aient alors, c'est d'être traduits devant le tribunal du sultan.

CHAPITRE III.

OBLIGATIONS DES CONSULS.

Le premier devoir du consul est de réclamer les honneurs et priviléges qui lui sont accordés par l'usage et les conventions internationales. Car ces honneurs, ces prérogatives sont plutôt accordés à la charge qu'à la personne et relèvent l'éclat de la nation aux yeux de l'étranger.

C'est aussi pour rehausser la dignité de la France que certaines prohibitions sont imposées à nos consuls, et, parmi elles, on peut citer la prohibition de faire le commerce. Celui qui voudrait l'enfreindre s'exposerait certainement à une révocation immédiate. Mais, en outre, ne serait-il pas passible des peines portées par l'art. 175 du Code pénal? Cet article punit d'un emprisonnement de 6 mois à 2 ans l'agent du gouvernement qui a pris un intérêt dans les actes et entreprises dont il a l'administration et la surveillance. Réflexion faite, nous ne pensons pas, qu'en général cette application soit légitime. La surveillance que l'art. 175 du Code pénal a en vue n'est pas la protection générale à laquelle doit veiller le consul, c'est cette surveillance administrative, cette surveillance qui peut s'interposer avec avantage dans les transactions intéressant l'État. Aussi n'avons-nous pas été surpris que la Cour de Paris n'ait point visé cet article dans l'arrêt rendu contre le consul-général de G. B. et qu'elle se soit contentée de faire application de l'art. 405 sur l'escroquerie commise par les fonctionnaires. L'arrêt d'ailleurs décidait, dans ses considérants, que, au mépris des devoirs les plus vulgaires de sa fonction, M. de G. B. avait stipulé pour sa part un intérêt de 2 0/0 sur le montant des sommes encaissées par la compagnie du Memphis-el-Passo. Mais nous avons été très-surpris que la Cour, dans son arrêt contre M. P..., n'ait point visé l'art. 175 du Code pénal. Il s'agissait bien, en effet, d'intérêts stipulés par P... dans une affaire dont P... avait la surveillance. Dans son remarquable rapport, M. le conseiller Bertrand avait bien établi ce fait et, après après avoir rappelé que M. P... hâtait l'exécution des contrats passés pour le compte du gouvernement français, le rapporteur ajoutait : « Ces diverses opérations rentraient évidemment dans la nature de ses fonctions comme consul-général du gouvernement français... Il était son intermédiaire naturel... Les fonds étaient à sa disposition et il en ordonnait la remise à qui de droit. » Le silence de la Cour sur ce point s'explique probablement parce que la peine prévue par l'art. 175 du Code pénal est inférieure à la peine prévue par l'art. 408 2° du même Code, et qu'il est de principe qu'au cas de cumul de deux délits, la peine la plus forte doit être seule infligée au coupable.

Puisque nous sommes amené par la nature des choses à parler du consul P..., on nous permettra de dire quelques mots sur cette affaire.

Le consul, étant un agent du gouvernement et recevant un traitement de l'État, doit rendre gratuitement les services dont il est chargé. Cependant il ne faut pas oublier que nous sommes dans un ordre de choses où les usages, à tort ou à raison, ont autant de force que les lois. Dans l'espèce, il s'agissait de marchés d'armes conclus par le gouvernement français avec plusieurs maisons de New-York, marchés que M. P... devait surveiller dans une certaine mesure très-nettement limitée par le rapport de M. le conseiller Bertrand. P... se fit donner, pour cela, un droit de commission de 2 0/0. On se rappelle quel cri d'indignation retentit à cette nouvelle. La commission d'enquête jugea nécessaire de déférer à la justice la punition de cet acte. Devant le tribunal de police correctionnelle, M. P... fut acquitté, mais l'affaire fut évoquée par le ministère public et jugée de nouveau en appel *a minima*, par la chambre des appelsde police correctionnelle, Arrivée en cet état, la discussion fut très-vive. Un interrogatoire, presque un débat, s'engagea entre le président et le prévenu, sur la question des usages établis en pareille matière. On comprend quel intérêt offrait cette particularité à la cause, car les usages, réguliers ou non, pouvaient couvrir le prévenu et le faire absoudre, puisqu'il n'y a point de délit sans intention de le commettre : « Nam non est furtum « sine animo furandi. » Le prévenu alléguait en sa faveur une lettre de M. le directeur des consulats, la commission à lui allouée, lorsqu'il était à Naples, pour les opérations du ministère de la guerre, et surtout les commissions allouées aux consuls pour les achats de tabacs faits à la Havane. Le président invoquait, en sens contraire, l'acquisition faite, en 1866, des navires cuirassés, le *Dondelberg* et l'*Olondaga*, les marchés passés à la Havane pendant la guerre du Mexique, enfin tous les marchés de ce genre conclus pendant la guerre de 1870 et autres que les siens. Il est vrai que le gouvernement accorde aux consuls des commissions sur les marchés de tabacs. Mais cette commission n'est qu'un prélèvement sur un bénéfice considérable; mais il y a loin de là à un droit de 2 0/0 perçu par l'agent dans une affaire excessivement coûteuse et accomplie au milieu des circonstances les plus défavorables. Aussi la Cour de Paris, sans avoir égard à toutes les considérations invoquées par M. P... ou par son défenseur, annula le jugement des premiers juges, et, en conséquence, faisant application au prévenu de l'art. 408 2° du Code pénal, le condamna à deux ans d'emprisonnement. Cet exemple sévère servira de leçon à ceux qui, à l'avenir, seraient tentés de dépasser les limites de leurs droits.

L'ordonnance du 29 octobre 1833 (art. 73) défend aux consuls de se rendre adjudicataires directement ou indirectement des débris, agrès, apparaux ou marchandises provenant de naufrages, et de tous autres objets vendus d'après leur ordre et par leur entremise. Il n'était pas besoin de la disposition spéciale d'une ordonnance pour édicter une pareille prohibition. La disposition de l'art. 1596 3° du Code civil eût suffi à cela et l'on eût évidemment rangé le consul parmi les mandaires légaux chargés de vendre les biens naufragés.

Toujours d'après une ordonnance de 1833, celle-ci du 20 août (art. 36), les consuls ne peuvent, sous peine de révocation, se marier sans l'agrément du président de la République.

Ils ne peuvent prendre de congés sans y avoir été autorisés par le ministre des affaires étrangères (ord. du 20 août 1833, art. 37).

Ils ne peuvent accepter, sans l'autorisation du gouvernement français, des fonctions publiques conférées par un gouvernement étranger, et cela sous peine de perdre la qualité de Français (art. 17 du Code civil). Les nécessités pratiques ont toutefois imposé une exception à cette règle lorsque le consul étranger, obligé de quitter le pays, confie ses affaires en dépôt au consul français : ce dépôt est un hommage rendu à la dignité et à la force de notre nation ; notre agent ne peut le refuser. Mais alors il doit avertir notre ambassadeur et le ministre des affaires étrangères.

Les consuls ne peuvent acquérir des biens fonds dans les pays de leur résidence sans encourir des peines disciplinaires (édit de 1781, t. II, art. 26). Ce n'est pas d'hier que de semblables prohibitions ont été introduites dans les lois contre les fonctionnaires. Le même motif se rencontre dans les *mandata* décernés aux proconsuls (v. Ulpien, l. VI, D. *de Off. proconsulis*, I, 16). Dans les deux cas, on redoute que le fonctionnaire ne devienne moins dévoué et moins obéissant à son gouvernement, qu'il n'ait quelque velléité d'indépendance et de révolte. Toutefois, sans y insister, je dois observer que la sanction n'était pas la même à Rome qu'elle est France.

Nous regardons comme abrogée la disposition de l'ordonnance de 1681 (titre IX, art. 10) et de l'ordonnance du 3 mars 1781 (art. 21), qui défendait aux consuls d'emprunter aucune somme aux Juifs, Grecs, Turcs ou Maures, et généralement d'emprunter aucune somme dans les Échelles du Levant et de Barbarie. En vain l'on prétend que le consul qui est débiteur d'un étranger cesse d'être dans les conditions nécessaires d'indépendance. Ceci pourrait être une considération au point de vue législatif; mais, en fait, l'ordonnance de 1833 a réglé les prohibitions imposées au consul. Elle a omis celle dont nous parlons. On ne peut donc l'ajouter. *Exceptiones sunt strictissimæ interpretationis*. Subsidiairement, nous ferons observer que la prohibition de l'ordonnance du 3 mars 1781 était incomplète et manquait en partie son but; car elle ne défendait pas l'emprunt d'une manière absolue, mais seulement dans certaines contrées et lorsqu'il était fait avec certaines personnes.

Nous laissons de côté plusieurs autres prohibitions qui se trouveront mieux placées au cours du chapitre suivant.

Les limites de cette étude et notre incompétence ne nous permettent pas de nous étendre sur les connaissances nécessaires au consul. Ces connaissances sont immenses, et il est peu de sciences auxquelles il doive rester étranger. Il doit être versé dans la géographie politique, l'histoire, la linguistique, la jurisprudence, la diplomatie et l'économie politique. En un mot, selon l'expression de Warden, il doit être comme le voyageur d'Anacharsis.

CHAPITRE III

ATTRIBUTIONS CONSULAIRES,

SECTION I.

Attributions administratives.

§ 1er. *Dispositions générales.*

Les consuls sont les protecteurs naturels de leurs nationaux. Ils doivent les éclairer de leurs conseils, les aider de leurs démarches, appuyer leurs réclamations, surveiller l'exécution des traités et des lois françaises. Mais comment les consuls connaitront-ils ceux qui ont droit à leur protection? Comment sauront-ils si tel homme, né en France, citoyen français avant son départ, est venu se fixer sur la terre étrangère d'une façon définitive, ou au contraire s'il a gardé l'esprit de retour? De prime abord, on pourrait répondre avec l'art. 17 du Code civil que les établissements de commerce ne sont jamais censés faits sans esprit de retour. Mais de ce que ces établissements ne sont pas une preuve de la perte de cet esprit, il ne s'ensuit pas que tout commerçant, par cela seul qu'il fait négoce, ait conservé le désir de retourner un jour dans sa patrie. Et puis, en dehors des négociants, il peut se trouver des personnes d'origine française qui résident à l'étranger, soit pour leur plaisir, soit pour leurs études, soit pour quelque autre motif. Comment savoir s'ils ont droit à la protection consulaire? Pour éviter tout inconvénient, l'ordonnance du 28 novembre 1833, art. 1er, reproduisant en cela des décrets antérieurs, a établi un moyen bien simple de constater l'esprit de retour. Ce moyen consiste à se faire inscrire sur un registre immatriculé à la Chancellerie du Consulat. Les Français ainsi immatriculés composent la Nation et c'est en ce sens que nous employons toujours l'expression de nationaux. Les assemblées de la Nation ne peuvent avoir lieu sans la demande du consul, ou du moins sans sa permission : leurs décisions sont obligatoires pour tous les nationaux.

Quant au Français qui voyage et n'a pas l'intention de s'arrêter, il est évident qu'il ne saurait être question d'immatriculation. Mais l'ordonnance de 1833 (art. 2) lui enjoint de faire viser son passeport par le consul, s'il veut que cet agent le couvre de sa protection. Elle craint sans doute que jusque-là les habitants et les autorités locales ne veuillent ajouter foi à sa nationalité, et elle exige que le passeport soit contresigné par une signature connue de tous, la signature du consul.

Le consul a sur ses nationaux un pouvoir très-grand de haute police et de surveillance. Nous avons vu ce pouvoir établi aux termes de l'ordonnance de 1681 (art. 15, titre IX), puis de l'édit de juin 1778. Mais, tandis que sous l'empire de l'ordonnance de 1681, il ne pouvait expulser les Français de mauvaise conduite sans avoir pris au préalable l'avis des députés de la Nation, aujourd'hui il a cette puissance à lui seul. Nous regrettons que l'ord. de 1681 ne soit plus sur ce point en vigueur. Nous ne nions pas que ce pouvoir soit nécessaire au consul pour maintenir intact l'honneur de notre pays; mais le pouvoir discrétionnaire, d'où qu'il vienne, qu'il soit administratif ou judiciaire, nous inspire trop de crainte pour que celui-ci ne nous semble pas excessif. Aussi devons-nous restreindre le plus possible son exercice et refuser de le reconnaître aussi étendu à nos consuls en pays de Chrétienté. Dans ces pays, il sera bien rare que de tels droits soient reconnus à nos agents par le gouvernement local. Si cependant, par exception, l'un de ces gouvernements n'y faisait pas d'obstacle, il faudrait au moins que le consul se conformât à l'ordonnance de 1681, et non pas à l'article 1er de l'édit de 1778, maintenu par la loi de 1836; et encore, pour plus de régularité, ferait-il bien, comme l'y engageait Vaslin, et comme l'usage a été introduit même dans le Levant, de faire rendre un jugement par le tribunal consulaire et de ne pas se contenter de l'avis des députés de la Nation. La Cour de cassation a eu l'occasion de sanctionner le pouvoir de haute police des consuls en Levant et Barbarie par un arrêt assez récent de la Chambre criminelle en date du 18 décembre 1858, ainsi motivé : « Attendu qu'aux termes de l'art. 82 » de l'édit du mois de juin 1778, article maintenu « par la loi du 28 mai 1836, les consuls de France « dans les échelles du Levant peuvent, dans tous les « cas qui intéresseront la police et la sûreté du com- « merce, faire arrêter et renvoyer en France tout sujet « français qui deviendrait nuisible au bien général. » Cet arrêt est plein de logique dans son application comme dans son principe. Il applique avec exactitude l'idée d'exterritorialité, privilége que nous ont garanti pleinement les capitulations avec la Sublime Porte, et la Chambre criminelle de la Cour décide que les consuls des Echelles du Levant ont le droit de faire arrêter un sujet français sur le territoire Ottoman, non-seulement pour crimes ou délits commis à l'intérieur dudit territoire, mais encore pour crimes et délits commis en France et pour lesquels ce Français serait poursuivi.

Nous laissons de côté pour le moment la police de la presse et la répression des délits commis à l'étranger par la voie d'un journal français. Cette police, en effet, est répressive ; elle touche donc aux attributions judiciaires et de plus elle est exercée, non par le consul seul sous sa responsabilité, mais par le tribunal consulaire. Notons en passant qu'aux termes de l'art. 5 de la loi du 26 nov. 1873, les consuls de France sont chargés de constater les contraventions aux marques de fabrique.

§ 2 *Attributions municipales.*

Nous avons vu qu'une ordonn. de 1713 déférait aux consuls les fonctions d'officiers d'état civil des Français à l'étranger.

L'art. 7, titre II de la constitution de 1791, proclama ensuite que le mariage est un contrat civil. Se fondant sur ce texte, beaucoup de gens, en France se marièrent devant notaire. A l'étranger, on se maria devant le consul, soit parce que ce fonctionnaire a des attributions en certains points analogues à celles des notaires, soit par souvenir des anciennes ordonnances. La loi du 20 septembre 1792 reconnut ces mariages contractés avant sa promulgation (titre IV, sect. 4, art. 9). Plus tard un avis du Conseil d'État du 4 frimaire an IX combla une lacune de la loi de 1792 et étendit à tous les actes de l'État civil ce que la loi de 1792 avait seulement admis pour le mariage.

C'était là un usage respectable ; aussi le Code civil, dans ses art. 48 et 170, donna d'une manière définitive aux Français qui se trouvent à l'étranger *même non résidents*, la facilité de s'adresser pour les actes de l'état civil aux agents diplomatiques et aux consuls, alors désignés sous le nom de commissaires aux relations commerciales. Le Code a fait faire un grand pas au droit international, et on peut dire que, grâce à lui, le consentement unanime des gouvernements reconnait aujourd'hui dans chaque consul le droit de constater la naissance, le mariage et le décès de ses compatriotes nationaux.

Les Français qui ont contracté mariage devant le consul ou l'agent diplomatique français à l'étranger, ne sont pas soumis aux règles de l'art 171 du Code civil.

Il nous semble peu utile de remarquer, comme certains auteurs l'ont fait, que les consuls n'ont aucun caractère pour recevoir les actes de l'état civil concernant les étrangers. Il est évident que ces actes n'auraient point force probante vis-à-vis du gouvernement local. En France même, ils ne seraient point valables, car recevoir ces actes, c'est usurper une fonction étrangère et se placer sous le coup de l'art. 17 du Code civil.

Tout le monde connait, en outre, la disposition des articles 60 et 87 du Code civil concernant les naissances et les décès survenus pendant le cours d'une traversée. On sait qu'à son arrivée au port, le capitaine doit remettre au consul deux expéditions de ces actes. L'ordonn. de 1833, art. 4, 5 et 6, a réglé quelle devait être alors la conduite de ce fonctionnaire.

L'usage a aussi consacré une autre immixtion du consul dans la tenue des actes de l'état civil qu'il n'a point rédigés lui-même. On a pour habitude de les transcrire sur les registres du Consulat. On obtient ainsi une nouvelle preuve des faits dont la constatation peut être utile aux nationaux (Circ. du garde des sceaux du 18 août 1836).

Une double question se présente au sujet du mariage :

1° L'art. 170 fait-il dérogation à l'art. 48 ?

2° Subsidiairement au moins, ce dernier article n'est-il pas restreint en partie par l'art. 165 ?

A ces deux questions nous répondons négativement.

Quant à la première question, nous répondrons à nos adversaires que l'art. 170 est un article explicatif, et non restrictif (1); que la disposition générale est dans l'article 48, et que l'article 170 s'est uniquement occupé des publications. On ne saurait sérieusement invoquer — quoiqu'on l'ait fait — le motif que la publicité dont le législateur veut entourer le mariage serait mal observée dans le cabinet d'un agent diplomatique. Ce motif n'est pas sérieux. La publication pourrait être faite et l'affiche apposée à la porte du Consulat, et il sera

(1) C. art. 47 et art. 170.

même facile au consul de renouveler cette publication à la porte de la mairie locale.

La seconde question a fait l'objet d'un procès célèbre dans les annales judiciaires, et connu sous le nom d'arrêt Summaripa. Le sieur Gaudin négociant et la demoiselle Summaripa s'étaient mariés devant le vice-consul de France à Constantinople. Plusieurs enfants étaient nés de cette union. Une longue possession d'état avait eu lieu, quand, à la suite d'un procès, la Cour suprême reconnut la nullité du mariage, le 10 août 1819. M. Vazeille combat cette opinion (*Traité du contrat de mariage*, t. Ier, n° 180). Nous soutenons au contraire, avec l'immense majorité des auteurs (Rieff, des Actes de l'état civil. — Demolombe, 1,312. — Valette, page 104. — Aubry et Rau, tome V, page 121) qu'aucune atteinte n'est apportée par l'art. 165 du Code civil à l'art. 48 : raisonner autrement, c'est oublier que l'art. 165 suppose un officier de l'état civil fonctionnant dans l'intérieur de la France ; c'est ne pas tenir compte de l'art. 17 du Code civil qui défend à un Français de remplir sans une autorisation spéciale des fonctions publiques dans une administration étrangère ; c'est fouler aux pieds le principe essentiel et éminemment national de la personnalité des lois ; car, dans ce cas, l'étrangère serait soumise à des lois qui ne peuvent encore la régir et mariée devant un officier incompétent (1). Enfin la condamnation de la doc-

(1) « Attendu, dit l'arrêt de la Cour de cassation, que si les

trine adverse ressort clairement du simple rapprochement des articles 47 et 48 du Code civil. Tandis que l'art. 48, s'occupant des pouvoirs conférés aux consuls à l'étranger, parle seulement des actes de l'état civil des Français, l'art. 47 déclare valable tout acte de l'état civil des Français et des étrangers qui a été reçu dans les formes usitées dans ce pays.

Et notez bien que, si le consul avait transgressé ses pouvoirs et, cédant aux instances des parties, prononcé leur union, le Français lui-même pourrait en demander la nullité, parce qu'à vrai dire il n'y a point de mariage. C'est aussi ce qu'a décidé la Cour de cassation dans l'arrêt que nous venons de citer.

Le consul pourrait dispenser de la seconde publication.

On reconnait au consul le droit d'accorder dispense d'âge, à la charge d'en rendre compte immédiatement au ministre des affaires étrangères.

Les articles 99 à 101 du Code civil ont déterminé les règles concernant la rectification des actes de l'état civil. Les art. 855 et suivants du Code de procédure ont complété ces principes et fixé la marche à suivre en pareille matière. Aux termes

agents diplomatiques ou les consuls ont été autorisés à recevoir les actes de l'Etat civil des Français en pays étranger, conformément aux lois françaises, il résulte clairement et de l'essence des choses et du texte de la loi, qu'il ne s'agit ici que des Français uniquement, nos lois et nos agents n'ayant de pouvoir à l'étranger que devant les nationaux, etc. »

de l'art. 99 du Code civil, l'officier qui a reçu les actes n'a pas pouvoir suffisant pour procéder lui-même cette rectification. Ce rôle incombe au tribunal compétent. Mais la question est précisément de savoir quel est le tribunal compétent. Sera-ce le tribunal consulaire ou le tribunal français ? La réponse offre de l'intérêt. Il s'agira souvent de frais à éviter, d'un temps plus ou moins long à gagner. Nous sommes en présence d'une question d'état : on doit donc s'adresser au tribunal d'origine. C'est ce qu'a parfaitement établi, d'une manière spéciale, la circulaire du garde des sceaux du 10 août 1836. Au sujet de cette question, elle s'exprime ainsi : « Ici l'acte étant reçu à l'étranger, la raison, dans le silence de la loi, indique également que celui qui veut faire régulaliser son état civil doit s'adresser à son tribunal d'origine, et s'il est né à l'étranger, au tribunal du domicile de ses père et mère ou aïeul. » La circulaire invoque en sa faveur un arrêt de la Cour de cassation du 10 août 1813; il s'agissait, dans l'espèce, d'un émigré français, soldat au régiment de Condé, dont l'acte de décès avait été dressé par un aumônier de ce régiment.

Si telle doit être notre réponse juridique, qu'on nous permette cependant d'exprimer un regret. Il serait à désirer que le législateur investit de ces fonctions rectificatives, selon les cas, le tribunal consulaire ou le tribunal d'origine, et, pour éclaircir ce point par un exemple, ne serait-il pas à souhaiter que des gens, nés à Paris, résidant à New-York où ils se marient devant le consul, ne fussent pas obligés de s'adresser au tribunal civil de la Seine pour la rectification de leur acte de mariage?

C'est une réforme désirable, surtout quand il s'agit de hâter l'union conjugale.

Il faut aussi ranger parmi les attributions municipales des consuls la délivrance des passe-ports (ordonn. du 25 oct. 1833, art. 1er, 4 et 5), leur visa, la légalisation des actes délivrés par les autorités de leur arrondissement. — Quand, selon l'expression usitée en pratique, un parquet a dû être fait, le ministre des affaires étrangères, saisi par le ministre de la justice, envoie au consul les actes ainsi signifiés, et à son tour le consul fait parvenir aux parties intéressées ces exploits sans frais et à titre de renseignement pur et simple.

Le maire a le devoir de dresser la liste du recrutement. Comme les lois de statut personnel suivent le Français partout où il réside, il s'ensuit qu'à l'étranger cette fonction municipale incombe au consul. Dernièrement, elle était l'occasion d'un débat international qui peut-être n'est pas clos à l'heure où nous parlons. Voici le fait tel qu'il a été signalé par la presse. Il a une certaine importance : le consul de France à Rio-Janeiro, chargé d'affaires, ayant invité nos nationaux, parvenus à l'âge de 20 ans, à se conformer aux prescriptions de la loi du recrutement, le gouvernement Brésilien se permit de son côté de rappeler à ces jeunes gens que, fils d'étranger ou non, quiconque est né dans le Brésil lui doit le service militaire. Selon la loi locale, cette prétention exorbitante a suscité une vive indignation dans notre presse, et nous lisions dans un numéro récent de l'*Opinion Nationale*, le vendredi 17 octobre 1873, les paroles suivantes : « Nous aimons à croire que le gouvernement français saura faire valoir nos droits avec l'énergie commandée par une question de cette nature. »

Nous avons voulu chercher dans les traités si le gouvernement brésilien pouvait avoir un semblant de raison. Nous y avons lu sa condamnation en termes explicites. Voici, en effet, ce que dit le traité de commerce et de navigation conclu entre la France et le Brésil le 8 janvier 1826 : « Ils (les Fran- « çais) seront exempts de tout service militaire, « de quelque nature qu'il puisse être, et de tous « emprunts forcés, ou impôts et réquisitions militaires. » Tels sont les termes même du traité. Il est impossible d'être plus clair. La conduite du gouvernement Brésilien dans cette affaire ne tendrait à rien moins qu'à la violation fragrante des traités librement consentis. Ce sont des procédés qui doivent répugner aux races Latines, et qu'il faut abandonner aux Teutons ou aux Cosaques. Peut-être cependant les difficultés qui viennent de surgir conduiront-elles à une révision des traités, révision très-désirable dans la question qui nous occupe, car nos plus grands jurisconsultes ont depuis longtemps signalé les fraudes qui se commettent dans nos départements frontières et les avantages excessifs dont jouissent les étrangers au point de vue du recrutement. Peut-être serait-il bon de supprimer les clauses des traités semblables à celle que nous venons de citer. Si d'un côté la France y perdrait quelques soldats, d'autre part on éviterait l'inconvénient signalé et qui n'a pas disparu complètement, même après la loi de 1872 sur l'armée.

§ 3. — *Attributions maritimes.*

Les attributions des consuls relatives à la marine marchande sont extrêmement nombreuses, et l'on ne doit pas s'en étonner puisque, selon l'expression de Colbert que nous avons plusieurs fois citée, leur principale préoccupation doit être le commerce. On peut ranger l'ensemble de ces attributions sous sept chefs distints, savoir : les règles du pavillon, la francisation, la vente des navires, leur arrivée, leur séjour, leur départ, les naufrages. Nous n'entrerons pas dans le détail de toutes ces réglementations qu'on peut lire dans les ordonnances, et qui sont par elles-mêmes très-arides. Nous devons toutefois signaler les art. du Code de commerce concernant ces diverses fonctions et auxquels les consuls doivent tenir la main ; ce sont les art. 225, 234, 243, 244, 245, 270, 345, 414 et 416, dont plusieurs sont reproduits de l'ordonnance de 1681. Examinons leurs dispositions principales. L'une d'elles, qui est en apparence fort simple, a donné lieu à de sérieuses controverses. Je veux parler de la règle édictée par l'art. 234 du Code de commerce. Cet article permet au consul d'autoriser le capitaine à faire des emprunts sur le corps et la quille du vaisseau, de mettre en gage ou vendre des marchandises dans la mesure du besoin. En accordant cette autorisation, le consul accomplit-il une mission administrative ou bien n'exerce-t-il pas plutôt un office de juridiction gracieuse? Par la place que nous avons assignée à cet article, il semblerait bien que nous voyons là un acte administratif. Tel n'est pas cependant notre avis. Si nous avons placé ici cet article, c'est que nous avons voulu comprendre dans la même rubrique tout ce qui a trait aux rapports des consuls avec la marine marchande; mais ce n'est pas que nous ayons reconnu dans cet acte le cachet administratif. Nous pouvons même invoquer en notre faveur un arrêt de la Cour de Rouen, en date du 14 janvier 1844, rapporté dans Dalloz (Rép. Dalloz, 2e partie, année 1844). Cet arrêt avait lui-même confirmé un jugement antérieur du tribunal du Havre, ainsi motivé : « Attendu que l'autorisation à conférer à un capitaine pour obliger par voie d'emprunt à la grosse... est un acte de juridiction; que pour s'en convaincre il suffit de remarquer qu'en France cette juridiction doit émaner du tribunal de commerce ou du juge de paix; attendu que ce qui prouve que l'autorisation en pareille matière est une juridiction, c'est qu'elle a pour but d'accorder à un capitaine le droit d'engager les biens qui ne lui appartiennent pas...; que la justice seule peut avoir ce pouvoir. » Les conséquences de cette doctrine sont indiquées dans la solution acceptée par le présent jugement et dans un arrêt antérieur de la Ch. des Req., en date du 5 août 1839. Les voici :

1° En vertu de ces principes si manifestes, le tribunal du Havre et la Cour de Rouen annulèrent l'emprunt à la grosse contracté par un capitaine avec l'autorisation du vice-consul, uniquement parce que cet agent n'est point investi de fonctions judiciaires et que le droit de juridiction en France ne se délègue pas, d'après notre droit public.

2° Pour bien comprendre l'espèce prévue par l'arrêt de cassation de 1839, il faut, outre l'art. 134, se rappeler le contenu de l'art. 245 qui oblige le capitaine à faire au consul la déclaration des causes de la relâche forcée, au cas où il y a lieu à cette relâche. Après avoir rappelé lui-même ces articles, l'arrêt proclame qu'il appartient au consul de France, dans un port étranger, de déclarer l'innavigabilité d'un navire. Du moins, suivant la Cour suprême, l'arrêt qui, sur la contestation élevée par les assureurs en France, reconnaît que le navire a été régulièrement vendu pour cause d'innavigabilité et en valide le délaissement aux assureurs, en se fondant sur les documents de la cause, tels que les avis d'experts et la décision du consul, échappe à la censure comme reposant sur une appréciation souveraine. — Dans leur pourvoi, les armateurs soutenaient que les art. 234 et 245 du Code de commerce ne sont relatifs qu'à des actes purement administratifs, tandis que le délaissement pour cause d'innavigabilité touche à une question de propriété. Mais, comme nous l'avons vu, la Chambre des requêtes écarta le pourvoi, parce qu'elle considérait les art. 234 et 245 comme consacrant en faveur du consul un véritable droit de juridiction.

L'art. 244 du Code de commerce oblige le capitaine, à l'arrivée dans le port, de faire son rapport au consul dans les vingt-quatre heures.

Au cas de jet et de contribution, les experts pour estimer les marchandises sont nommés par le consul, et c'est lui qui rend exécutoire la répartition fixée par les experts.

Quand des Français à qui des marchandises ont été expédiées de France veulent faire constater les avaries, le consul procède à la vérification, rédige un procès-verbal, ordonne le dépôt et le séquestre.

Les consuls doivent veiller aussi à la prescription du Code de commerce qui défend au capitaine de renvoyer les matelots en pays étranger, comme aussi il a fallu pour l'avantage respectif des États attribuer aux agents consulaires le droit de réclamer et d'obtenir la remise des matelots déserteurs. (Ord. du 7 novembre 1833 ; — ord. du 27 octobre 1833, art. 25 et 26).

C'est là une dérogation aux règles générales admises en pays de Chrétienté. D'ailleurs cette dérogation est bien restreinte dans ses effets ; car le consul pour agir aura besoin de l'intervention de l'autorité locale. La force publique ne peut, en effet, être légalement requise que par les agents du souverain auquel cette force appartient.

Le droit de réquisition consulaire pour l'arrestation des matelots déserteurs est une application du droit de police interne dont sont exclusivement chargés les consuls sur les navires de commerce de leur nation. Pour en connaître exactement les limites, il faut consulter les traités et connaître les usages. Dans les pouvoirs qu'ont ainsi les consuls sur les matelots des bâtiments nationaux, il importe de remarquer que l'on ne distingue pas si les gens de l'équipage sont de la nation du navire ou d'une autre nation. Doit-on admettre avec Dalloz que, sous le rapport de tout ce qui touche aux intérêts de l'État, le bâtiment est de plein droit soumis aux lois de police et aux tribunaux qui régissent le pays près duquel il mouille? Oui évidemment, s'il n'y a que des usages, non s'il y a des traités : les traités de commerce sont toujours des traités les plus respectables; à la différence des traités de paix, ils ne sont jamais infectés du vice de violence; ils doivent donc être scrupuleusement observés.

Les consuls n'ont pas seulement des rapports avec la marine marchande; ils en ont aussi avec la marine militaire vis-à-vis de laquelle ils remplissent, alors, les fonctions d'officiers d'administration. L'ordonnance de 1833 ordonne en conséquence que les consuls correspondent directement avec le Ministre de la Marine, pour la plus grande rapidité du service.

§ 4. — *Attributions notariales.*

Les consuls interviennent de deux manières distinctes dans la confection des testaments.

Occupons-nous d'abord des testaments maritimes. Ici point de difficulté. Il suffit de lire l'article 991 du Code civil. Quand un testament a été fait en mer, au premier port étranger où le navire aborde, un original du testament doit être remis à terre entre les mains du Consul. En France, le dépôt du testament est ordonné par le président du tribunal et il a lieu dans une étude de notaire; et cette formalité n'est observée que pour les testaments olographes. Ici le dépôt est effectué par le capitaine lui-même, mais le testament est solennel. Le Consul fait passer le testament en France, au Ministre de la Marine qui le fait déposer au greffe de la Justice de paix du domicile du testateur.

Une difficulté assez grave se présente quand on examine la forme des testaments que le Français peut faire en pays étranger. On sait que le Code permet d'employer la forme du testament olographe dans les pays même où elle n'est pas admise par les lois et qu'en outre le Français peut tester dans les formes usitées dans le pays où il se trouve. On sait aussi que l'ordonnance de 1681 permet de tester dans une troisième forme, celle-ci solennelle, devant le Consul et deux témoins, le chancelier tenant la plume. La présence du consul a pour objet d'assurer à la famille du testateur et au testateur lui-même une garantie contre toute influence étrangère. Le Code a passé sous silence cette faculté accordée par l'ordonnance, et ce silence est d'autant plus significatif que l'article dernier de la loi de ventôse an XI abroge toutes les lois antérieures sur les matières traitées par le Code civil. Qu'en conclure ? Nous pensons, d'après M. Demolombe (t. 21, p. 423) et d'après notre savant maître M. Colmet de Santerre, qu'on ne pourrait ici appliquer avec raison l'article dernier de la loi de ventôse, ni considérer l'ordonnance de 1681 comme traitant des matières régies par le présent Code. L'art. 991 du Code civil est un article de faveur. Or, la solution contraire à la nôtre aurait pour résultat, dans certaines circonstances, une disposition odieuse. Car dans les stations lointaines où manquent les autorités locales, dans celles où ces autorités ne présentent pas les garanties nécessaires, il en résulterait que le Français ne sachant pas écrire serait réduit à l'impuissance de tester. Nous sommes donc en présence d'une nécessité pratique ; et on le voit chaque jour, les lois ne peuvent rien contre de telles nécessités. Aussi le Gouvernement, d'abord défavorable à cet usage, est revenu plus tard à l'opinion enseignée par les auteurs que nous avons cités, et il a enjoint aux chanceliers et aux consuls de recevoir les testaments conformément à l'ordonnance de 1681 (comparez une circulaire de 1815 avec une circulaire du 22 mars 1834) ; cette circulaire nouvelle fut rendue pour apaiser les plaintes suscitées par un jugement du tribunal de la Seine qui annula le testament du général Dugommier passé devant le chancelier français d'Amsterdam. Le général Dugommier avait institué sa femme légataire universelle. La sœur du général attaqua le testament comme fait dans une forme vicieuse. Le tribunal de la Seine accueillit sa demande par un jugement du 19 mars 1825. Appel fut interjeté. Le jugement fut confirmé, mais uniquement parce que le testament n'avait pas eu lieu en la présence du consul ; et comme l'arrêt vise l'ordonnance de 1681, nous avons le droit de l'invoquer en notre faveur. Tel n'est cependant pas l'avis de l'annotateur de Dalloz. Nous n'insistons pas d'ailleurs sur ce point. — Aux considérations pratiques que nous avons présentées, il est utile d'ajouter un argument théorique tiré de l'art. 999 lui-même. Que dit en effet l'art. 999 ? « Un Français qui se trouvera en pays étranger pourra faire ses dispositions testamentaires par acte sous seing privé.... ou par *acte authentique avec les formes usitées* dans les pays où cet acte sera passé. » Or, quelles sont ces formes usitées ? Ceci peut s'entendre de deux sortes de formalités : ou les formalités usitées à l'époque où l'acte sera passé, ou les formalités usitées à l'époque où l'art. 999 a été rédigé. Dans le doute nous adoptons cette deuxième interprétation qui nous est favorable. Cela nous est d'autant plus permis qu'en principe on doit supposer que le législateur se réfère au présent.

Nous croyons donc qu'il est impossible de refuser au consul et à son chancelier les attributions notariales en matière de testaments.

Le tout n'est pas d'avoir reconnu que le testament consulaire est toujours en vigueur; il reste une question non moins importante à étudier; il s'agit de savoir quelles sont les formalités substantielles de cet acte: on ne saurait trop vivement conseiller aux consuls de se conformer avec la plus scrupuleuse exactitude aux règles établies par la loi du 25 ventôse an XI. De cette sorte seront évités les difficultés, les procès qui pourraient surgir et qui se sont présentés en effet sous l'ancienne jurisprudence. Mais enfin ici nous devons examiner la question en droit, et à cet égard nous déclarons nécessaires et suffisantes les formalités prescrites par l'art. 24 du titre 9 de l'ordonn. de la marine. Déjà, sous l'ancienne monarchie, les ordonnances de Blois et d'Orléans, l'ordonnance de 1735, qui parlait des testaments militaires, ne disaient mot des testaments faits par des personnes étant dans les consulats de France; le parlement d'Aix n'avait point envoyé ces ordonnances dans les consulats pour y être exécutées. Et nous avons retrouvé ce même silence dans les lois postérieures. Ce silence s'explique par cette considération que le législateur a laissé les testaments dont s'agit soumis aux seules formalités prescrites par l'ordonnance de la marine. — Mais quelles sont ces formalités? L'ordonnance en exige quatre : 1° la réception du testament par le chancelier; 2° la présence du consul; 3° deux témoins; 4° la signature d'eux.... Nous n'exigerons donc ni le timbre, ni la dictée par le testateur, ni la lecture du testament, ni la rédaction en un seul contexte, ni la mention de la signature, ni l'inscription de la date en toutes lettres, etc.... D'après le même principe, la position de la signature n'étant pas indiquée par l'ordon. de 1681, nous en conclurons égale- qu'il n'est pas indispensable que la signature se trouve dans le contexte de l'acte. Il suffira qu'elle soit apposée sur l'enveloppe commune dans le testament mystique. C'est ce qui a été jugé par sentence du Châtelet de Paris du 26 mars 1755 et par arrêt du parlement de Paris du jeudi 27 mai 1762. Dans l'espèce, il s'agissait d'un testament du célèbre peintre Jean-François de Troy, directeur de la villa Médicis, qui avait été reçu à Rome en 1752, en présence des consuls, par le chancelier du consulat Français établi dans cette ville. Ce testament contenait une date écrite en chiffres, il était écrit sur deux feuilles de papier à lettres; les témoins avaient signé sur l'enveloppe. Naturellement, les collatéraux s'empressèrent d'attaquer les dispositions testamentaires de leur illustre parent. L'affaire fut successivement portée et jugée devant les juridictions que nous avons désignées. M. Joly de Fleury, avocat général, posa des conclusions conformes à la sentence du Châtelet et adoptées par le parlement. Ces conclusions, rapportées dans Denizart, (collection de décisions nouvelles, tome V, page 351) sont fort remarquables. Il est toutefois une considération tout à fait fausse, émise par le célèbre magistrat. Parlant du testateur, M. Joly de Fleury termine ainsi : « La loi du prince lui a prescrit des formalités, lui a indiqué les personnes publiques auxquelles il pouvait s'adresser. Il s'y est adressé : il a testé sur la foi de ces personnes publiques; il ne peut être responsable de l'omission de quelques formalités, s'il en a été omis. » A ce compte-là, on ne voit pas quel testament public pourrait être annulé pour vice de formes. Heureusement, M. Joly de Fleury avait fait valoir devant le parlement des considérations beaucoup plus sérieuses, qui amenèrent le célèbre arrêt du 27 mai 1762.

SECTION II.

Attributions judiciaires.

§ 1. — *Juridiction gracieuse.*

En Turquie et dans tous les pays où le consul a plénitude de juridiction, il remplit l'office de juge de paix, de président et de notaire. Seul il pose les scellés, seul il les lève, seul il dresse l'inventaire. C'est lui qui connaît de la faillite d'un négociant français, si le principal établissement se trouve non en France, mais dans les Echelles (ord. du 3 mars 1781, titre II art. 25. V. en ce cas la procédure sommaire de l'édit de 1778). Il pourrait même comme le président d'un tribunal français ordonner l'exécution d'un testament olographe, envoyer au besoin le légataire en possession; mais, au cas où il surgirait des difficultés sur le fond, il devrait renvoyer au tribunal compétent.

En pays de Chrétienté, il en est tout autrement. D'abord, là où existe le droit d'aubaine, il ne saurait plus être question de l'intervention du consul. S'il n'y a pas de droit d'aubaine, les héritiers peuvent être présents en personne ou par leurs fondés de pouvoirs; et alors plus de scellés ni d'inventaire. Enfin il peut se faire que ces personnes soient absentes, mineures ou incapables; et alors des actes conservatoires deviennent nécessaires. Le consul, protecteur naturel de ses nationaux, devra, comme le ministère public, les provoquer et réclamer leur exécution dans le plus bref délai possible: Mais là s'arrêteront ses pouvoirs, à moins que les traités ne lui aient formellement accordé le droit de remplir lui-même ces actes de juridiction gracieuse. On peut classer en trois catégories les divers pays au point de vue qui nous occupe actuellement. Dans certaines contrées les scellés sont apposés par l'autorité locale, en présence du consul et de deux personnes dignes de foi (Russie, Autriche). Dans d'autres pays, le droit d'apposer les scellés et de faire l'inventaire appartient exclusivement au consul. En Espagne ce droit lui appartenait si la réquisition d'un Français créancier, héritier ou légataire du défunt, n'obligeait pas l'autorité espagnole à intervenir dans ces opérations. C'est ce qui avait été convenu entre les deux États par le traité d'Utrecht (art. 34) et par un art. de la convention supplétive du 13 mai 1769. Et c'est un point que mit en lumière la Cour de Paris par son arrêt du 26 septembre 1839. Dernièrement la même Cour adopta la solution contraire dans une espèce identique concernant un Espagnol, et que nous pouvons invoquer comme la précédente à titre de réciprocité. Mais il n'y a qu'une contrariété apparente entre ces deux arrêts. Tous deux invoquent des conventions diplomatiques, le premier le traité d'Utrecht, le second une récente convention consulaire de 1852 entre la France et l'Espagne. Tous deux sont l'application des principes du droit international moderne et de notre droit public; car, en thèse, le consul n'a point le droit de juridiction. Pour qu'il jouisse de cette prérogative, une convention formelle est nécessaire. Or le traité d'Utrecht admettait bien cette exception : au contraire la convention de 1862 a énuméré les hypothèses où le consul peut intervenir dans cet ordre d'idées et il ne dit rien de la levée des scellés et de la confection de l'inventaire. Ces deux arrêts figurent dans Dalloz, le premier à l'année 1840, le second à l'année 1872 et au bas de ce dernier se trouve une note très-nette et très-concluante de M. Garsonnet. A l'appui de son opinion, M. Garsonnet invoque deux autres arrêts, l'un de la Chambre des requêtes en date du 18 janvier 1862, l'autre de la Cour de Paris en date du 21 août de la même année. M. Garsonnet invoque aussi avec raison les principes du droit public; mais il nous semble avoir tort de qualifier de juridiction contentieuse les attributions du consul en matière de levée, de scellés et d'inventaire.

Dans la plupart des pays, cette attribution doit être refusée aux agents en l'absence des traités. Mais il est d'usage alors que le consul croise de ses scellés ceux qui ont déjà été mis par l'autorité locale, et alors les doubles scellés ne peuvent être levés que de concert. (Voir en ce sens la loi du 15 mars 1850, art. 50, relative au traité d'amitié, de commerce et de navigation conclu le 15 septembre 1846 et 7 octobre 1849 entre la France et la république du Chili. Voir aussi les traités du 8 mai 1827 et du 9 décembre 1834, art. 24, avec le Mexique et la Bolivie.)

Toutes ces questions concernant la succession des Français morts en pays étranger sont très-délicates. L'administration des successions est en particulier une cause de conflit. Le consul, en principe et sauf les modifications introduites par les conventions ou les usages, devra en pareille matière se montrer très-prudent, mais aussi très-habile. Au cas où les autorités locales s'y refuseraient, il pourra, malgré le silence de la loi, assembler le conseil de famille des héritiers mineurs qui n'ont en France ni biens, ni parents, ni domicile connu. MM. de Clercq et de Vallat font remarquer qu'il est peu vraisemblable que les actes de la tutelle, organisée par ce conseil de famille, soient attaqués avec succès devant les tribunaux français car tout au moins « il faut y voir une administra-« tion provisoire que les consuls ont incontesta-« blement droit d'organiser, en leur qualité de pro-« tecteurs naturels des absents et des incapables. »

Une conduite prudente et ferme doit guider le consul dans tous les actes conservatoires qu'il doit faire. Nous adoptons sur ce point l'opinion émise par le conseil des prises en l'an VIII et acceptée par les savants auteurs du Guide des Consulats. Nous ne pensons donc pas que le consul ait le droit d'intervenir en justice dans toutes les contestations intéressant des Français absents. Et cela pour plusieurs raisons : 1° parce que ce serait donner au consul des pouvoirs plus étendus qu'au ministère public français ; 2° parce que les jugements à intervenir alors devraient être obligatoires contre les Français s'ils étaient défavorables, et alors leurs intérêts, loin d'en être améliorés, seraient compromis ; 3° parce que d'ailleurs un tel mandat fait défaut au consul soit de la part des particuliers, soit de la part du gouvernement français, puisque son droit de protection est tout politique.

Juridiction arbitrale. — Un usage constant des pays de chrétienté a laissé entre les mains des consuls le pouvoir de juridiction arbitrale; toutefois, qu'on le remarque bien, ce n'est là qu'un usage et il devrait fléchir devant des lois locales contraires... L'avantage de cette juridiction est de fournir aux parties un titre exécutoire à la fois en pays étranger et en France. Aux termes d'une instruction de 1833, les consuls, lorsqu'ils jugent comme arbitres, doivent exiger qu'on leur donne le rôle d'arbitres amiables compositeurs et sans appel. Le rôle d'amiables compositeurs leur sera utile et nécessaire même, parce qu'ils auront à interposer leur jugement dans un conflit de lois étrangères. Et il est bon qu'ils puissent juger sans appel pour éloigner toute contestation sur le tribunal d'appel et aussi pour éviter la prolongation d'un procès et les frais qui en sont la suite. Il est à noter que les injonctions contenues dans l'instruction de 1833 sont une dérogation aux stipulations contractées entre la plupart des nations chrétiennes. (Voir le précis de Martens, au § Pouvoir judiciaire des consuls).

§ 2. — *Juridiction forcée.*

Dans toute question de juridiction, trois faces diverses se présentent à l'examen. On peut envisager la compétence et la procédure, l'exécution des sentences, et les voies de recours. C'est en effet l'ordre que nous suivrons. Mais auparavant, nous devons rappeler une observation que nous avons souvent présentée et qui offre ici une importance exceptionnelle : il y a un abîme entre les pouvoirs des consuls en pays de Chrétienté et leurs pouvoirs en pays Musulmans. Dans les premiers, la juridiction consulaire est en général très-restreinte. Elle est au contraire assez étendue dans les seconds ; et même, on a remarqué, au sujet des Echelles, que les tendances du gouvernement sont pour la restriction des attributions judiciaires (Dalloz, R., Echelle du Levant et de Barbarie). Cette tendance nous paraît funeste. Quand on connaît le peu de garanties que présente la magistrature musulmane dans nos colonies, que peut-on espérer d'elle, là où elle serait libre dans ses mouvements, sans un contrôle suffisant ? Qu'on relise l'histoire de nos consulats et leurs vicissitudes, on verra quelle persévérance il a fallu pour assurer à nos nationaux une protection efficace. On n'y est parvenu que par l'exterritorialité et, le jour où nous déchirerons nos anciennes capitulations, on pourra dire que c'en est fait de la sécurité individuelle en Orient. Ne parlez pas de progrès ni de civilisation. Le fatalisme est aujourd'hui ce qu'il était il y a un siècle, et le fanatisme turc opprimerait les Chrétiens, s'il devenait le propre juge de ses exactions et de sa cupidité.

L'édit de juin 1778, n'ayant été aboli par la loi de mai 1836 qu'en ce qui touche la poursuite des délits et des crimes, reste en vigueur pour tout ce qui regarde la juridiction civile. La loi de 1836 contient même un article spécial pour proclamer ce maintien partiel de l'édit de 1778. D'après cela, les consuls connaissent en première instance des contestations de quelque nature qu'elles soient, sommaires ou non, qui s'élèvent entre les Français dans l'étendue de leurs consulats. Nous nous sommes à dessein servi de cette définition, dont il nous faut reprendre chaque terme. Nous laissons de côté, bien entendu, les voies de recours, devant y consacrer un paragraphe spécial.

1° *Compétence ratione materiæ.* — Les consuls connaissent de toutes les contestations soit civiles, soit commerciales, soit sommaires, soit ordinaires. Quelques avocats avaient prétendu, sous l'ancien régime, que les consuls ne pouvaient connaître des affaires sommaires qui, par leur urgence, nécessitent une prompte décision. Cette opinion erronée a été rejetée par les lois postérieures et par un arrêt du Parlement de Provence en date du 22 avril 1741 (V. Laget de Podio). Plus récemment, on avait soutenu que, dans les Echelles du Levant, les tribunaux consulaires étaient incompétents pour statuer sur les contestations entre Français relatives à la validité des testaments. On disait, en faveur de cette opinion, que le testament contesté avait été fait avec le concours du consul et que dès lors celui-ci ne pouvait connaître de sa validité ; que le consul n'annulerait jamais un testament à la confection duquel il avait participé. On disait encore qu'il était contraire aux convenances qu'un acte, fait en présence du consul et avec son concours, fût discuté dans le lieu même où siége le consulat. Ces raisons furent développées par les parties intéressées devant le tribunal consulaire de Salonique qui les accepta et se déclara incompétent. Mais appel fut interjeté devant la Cour d'appel d'Aix et cette Cour — à bon droit, selon nous — infirma le premier jugement. Elle fonda son arrêt sur la disposition générale de l'édit de 1778 et écarta les deux motifs indiqués par le jugement de Salonique, en faisant remarquer que la coopération du consul au testament pouvait seulement motiver l'abstention de ce magistrat et que pour écarter une juridiction il ne suffisait pas d'invoquer les convenances, lorsqu'elles ne s'appuyaient sur aucun texte (Aix, 16 février 1871). Quand un Français résidant dans les Echelles du Levant ou de Barbarie tombe en faillite, le jugement déclaratif est rendu par le tribunal consulaire d'après les formes tracées par les édits de 1778 et de 1781.

2° *Compétence ratione personæ.* — Pour que le tribunal consulaire soit compétent, il est nécessaire que les deux parties soient des Français; peu importe d'ailleurs leur qualité de négociant, de navigateur ou de simple particulier. Il faut de plus que le demandeur et le défendeur résident, l'un et l'autre, dans les pays où le consul exerce ses fonctions. Ceci ne fait aucun doute en ce qui touche les Echelles du Levant. Mais on avait soutenu qu'il en était autrement dans les pays Chrétiens où par exception les consuls sont investis du droit de juridiction. On invoquait les principes généraux qui établissent la compétence d'après le domicile du défendeur. « Actor sequitur forum rei, » et on faisait remarquer qu'aucune exception n'existait à ce principe en matière de consulats, puisque l'édit de 1778 était spécial aux Echelles du Levant et de Barbarie. Mais est-il possible d'invoquer le principe « Actor sequitur forum rei » en cette matière qui est limitée d'après les usages et les traités internationaux ? Est-ce que déjà, sous l'ancien régime, l'édit de 1720 relatif aux consulats à Cadix n'attribuait pas aux consuls seulement les contestations nées entre Français présents dans le consulat ? Devant la Cour de Paris, M. l'avocat-général Delapalme avait invoqué une considération qui ne nous semble pas exacte. Il s'était fondé, en faveur de son opinion, d'ailleurs juste au fond, sur la procédure devant la juridiction consulaire, procédure qui oblige la présentation de la requête par le demandeur et la comparution des parties en personne. Cet argument ne nous paraît pas fondé et voici pourquoi : sans doute la loi veut que les parties, s'il est possible, déposent leur requête en personne et comparaissent elles-mêmes, mais en cas d'absence ou d'empêchement légitime elles peuvent se faire remplacer par un mandataire spécial. (V. Affaire Chauviteau contre Duport. Arrêt du 14 décembre 1840, Paris, 1re chambre). Dans l'espèce d'ailleurs il y avait une autre considération suffisante pour faire annuler le jugement. C'est qu'il s'agissait de solde de compte de commerce, et que la demande était portée devant le tribunal du lieu où le paiement devait être effectué (art. 420 du Code de procédure) (1).

De plus, nous estimons que les art. 1 et 2 de l'édit de juin 1778 ne doivent point être rangés parmi les dispositions d'ordre public et que, si les deux parties sont d'accord, elles peuvent saisir en France le tribunal du domicile de l'une d'elles. Et, en effet, le tribunal consulaire est un tribunal d'exception, et il peut se faire qu'il ne présente pas aux parties les mêmes garanties de lumière et d'indépendance qu'un tribunal civil français. L'art. 1 de l'édit de 1778 est une faveur qui ne peut tourner au détriment de ceux qui ont le droit d'en jouir.

Une peine très-grave sanctionne l'obligation imposée aux Français de traduire leurs compatriotes devant les consuls et non devant les juges et autres officiers de la puissance étrangère. Cette peine consiste en 1500 livres d'amende et, en outre, à des dommages-intérêts s'il y a lieu. Mais il faut bien se pénétrer de la défense ainsi faite

(1) V. l'ouvrage de M. Gand, intitulé : État civil et condition des étrangers.

par l'édit de 1778 et ne pas l'étendre démesurément.

1° Tout d'abord, l'édit de 1778 ne concernant que les actions en justice ne défend point de réclamer des juges étrangers l'emploi de la force publique pour l'exécution d'un titre paré. C'est ce qui a été jugé par arrêt de la Cour de cassation, en date du 11 décembre 1809 (affaire Boucheron, E. Leguen). La Cour a considéré que, s'agissant de l'exécution d'un contrat, il est nécessaire pour le créancier de s'adresser au magistrat investi de la force extérieure.

2° Les parties pourraient ne s'adresser ni aux consuls, ni aux juges locaux, mais à des arbitres. Là encore la peine de l'édit ne saurait être appliquée, parce que l'édit doit être interprété restrictivement, qu'il ne parle que d'actions en justice, que par là on ne saurait entendre un compromis, à moins d'étendre les mots au delà de leur sens naturel, et que d'ailleurs l'arbitrage, en tant qu'il n'est pas formellement interdit, est toujours vu d'une manière favorable. Tout ce que devrait faire celui qui aurait obtenu gain de cause devant les arbitres serait de faire homologuer leur sentence pour obtenir son exécution en France.

3° Il est bien entendu que l'édit de juin 1778 n'est en vigueur que dans les États où son application a été permise et réglementée par des traités diplomatiques. Dans les pays où il n'en est point ainsi le Français qui actionne un autre Français devant le tribunal étranger ne peut évidemment être déclaré passible de la peine de 1,500 francs et des dommages-intérêts pour infraction à l'édit de 1778. On comprend l'intérêt pécuniaire qu'offre cette solution. Quelquefois il s'agira d'un jugement par défaut qu'on aura surpris à la religion des juges locaux et qui, les délais d'opposition expirés, causera un préjudice considérable à la partie absente. Mais aussi, le plus souvent, il s'agira d'assurer au plus vite le paiement d'une obligation qui, si on le retardait, serait complètement perdu pour le créancier. — On pourra consulter à ce sujet l'affaire du navire *le Glaneur*, qui a été jugée par arrêt de la Cour de Saint-Denis (Réunion), en date du 16 février 1855, et par arrêt de la Chambre des requêtes, en date du 29 janvier 1856. On verra que la Chambre des requêtes cassa sur ce chef l'arrêt de la Cour de Saint-Denis, et déclara que les traités invoqués par l'arrêt attaqué avaient cessé par suite de la guerre, et qu'ils ne pouvaient être considérés comme rétablis par le seul fait de la paix.

5° Faut-il appliquer aux enquêtes l'art. 2 de l'édit de juin 1778? Il est certain que la procédure d'enquête est une procédure judiciaire, et dès lors il semble bien que les tribunaux français ne peuvent, sous la peine de l'édit de 1778, renvoyer aux tribunaux locaux pour procéder aux enquêtes qu'ils ordonnent dans les pays étrangers. Comment d'ailleurs apprécier la régularité de cette procédure dont les formalités sont inconnues en France?

Aussi plusieurs ont pensé que cette délégation était irrégulière. Sans nous prononcer catégoriquement, nous inclinerions volontiers vers cette opinion.

Toutefois, une véritable exception existe en principe qui veut que toutes les contestations entre les nationaux soient déférées aux tribunaux consulaires français. Aux termes de l'ordonnance de 1681, modifiée en ce point par la loi de 1790 qui a supprimé la Chambre de Marseille et par la loi du 10 avril 1810, les contestations particulières entre le consul et les négociants français sont soumises au tribunal de Marseille.

Et de plus, dans le Levant, une autre exception est apportée au principe qui ne défère aux consuls que les contestations entre Français. L'usage défère à nos agents la connaissance de toutes les affaires intéressant nos compatriotes, quand bien même elles concerneraient aussi des Musulmans.

D'après l'édit de 1681, comme nous l'avons vu, pour rendre leurs jugements, les consuls devaient se faire assister des députés et de quatre notables de la nation. Ce nombre fut restreint par l'ordonnance du 25 mai 1722, qui réduisit ce nombre à trois juges, le consul et deux députés ou deux des principaux négociants français. Le nombre fixé par l'ordonnance de 1722, a été maintenu depuis lors. Mais on admet, depuis l'édit de 1778, que le consul a le droit de choisir lui-même ses assesseurs. — Comme il n'existe pas de consul à Constantinople, l'art. 38 de l'édit de 1778 décide que les fonctions judiciaires seront remplies par trois notables de la Nation, nommés d'office par l'ambassadeur de France; aujourd'hui, le chancelier de l'ambassade siége comme président avec deux notables pour assesseurs. — Le tribunal consulaire offre cette particularité remarquable que la même personne, le drogman-chancelier, cumule les fonctions de greffier et d'huissier. Il a en outre ce caractère commun avec nos tribunaux de commerce, qu'aucun ministère public ni avoués n'existent près de lui. Et nous allons en voir sortir quelques conséquences par la suite.

Comme nous nous occupons uniquement de ce qui concerne les consulats, nous laissons de côté les différentes juridictions internationales, telles que les tribunaux mixtes et les commissions judiciaires mixtes.

Ceci posé, quelle est la marche à suivre devant les tribunaux consulaires français? La procédure étant une science éminemment pratique, nous n'avons pas la prétention de faire connaître ses errements devant une juridiction que nous n'avons jamais vu fonctionner. Nous devons cependant, en peu de mots, indiquer les principales singularités qui découlent de l'organisation consulaire :

1° De ce qu'il n'y a point de ministère public, il s'ensuit qu'on ne saurait parler d'affaires communicables. Il faudra aussi retrancher les conclusions du ministère public, et les mesures protectrices qu'il doit prendre en faveur des absents et incapables sont remises aux soins du consul. Nous ne trouvons non plus aucun de ces cas où le ministère public doive agir comme partie principale;

2° De ce qu'il n'y a point d'avoués, il résulte d'autre part que l'assignation doit être faite par le demandeur lui-même, en vertu d'une requête et d'une ordonnance mise au bas de la requête par le consul, enjoignant aux parties de comparaître à telle époque. Il suit encore que les parties comparaîtront en personne ou par un fondé de pouvoirs. Il suit enfin qu'il ne peut être question de jugement par défaut, faute de conclure;

3° De ce que le tribunal consulaire est un tribunal éminemment national, il résulte que les experts — au cas où il y a lieu d'en nommer — doivent être pris parmi les Français de l'Echelle, sauf quand la nature de la vérification ne le permet pas, et que l'entrée des audiences ne peut être refusée aux Français immatriculés, excepté dans les cas où le droit commun autorise le huis-clos.

Les assignations, les significations et, en général, tous les actes d'huissier sont envoyés par le ministère du chancelier. C'est lui aussi qui rédige les qualités des jugements et en délivre expédition. C'est lui enfin par les soins duquel s'opèrent les saisies.

Quand le jugement a été rendu et signifié à partie, deux voies de recours sont ouvertes contre lui. Ces voies de recours sont les voies ordinaires :

l'opposition, l'appel et le pourvoi en cassation. Mais avant de les examiner séparément il est bon de remarquer qu'aucune de ces voies n'a un effet suspensif. Ce qui en droit commun, est l'exception devient le principe devant la juridiction consusulaire. Seulement, de même qu'en droit commun, ici on distingue l'exécution provisoire sans caution et l'exécution provisoire sous caution. La première a lieu dans les lettres de change, billets, comptes ou autres obligations par écrit, la deuxième dans toutes les autres contestations. D'ailleurs on trouvera les règles d'exécution des jugements consulaires dans les art. 30, 31, 32, 34 et 35 de l'édit de juin 1778.

1° *Opposition.* — Les délais d'opposition sont de trois jours à partir du jour où il a été donné à partie connaissance du jugement.

2° *Appel.* — En matière d'appel, trois questions sont à examiner.

1° Quels sont les jugements qui peuvent être frappés d'appel?

2° Devant qui se porte l'appel?

3° Quels sont les délais de l'appel?

La première question a fait l'objet d'un débat soulevé en 1845 et porté devant la Cour d'Aix. On avait soutenu devant cette Cour que, la procédure consulaire devant les Echelles du Levant étant réglée par l'édit de juin 1778 et cet édit étant muet sur cette question d'une part, et d'autre part en présence du silence gardé par les lois postérieures d'organisation judiciaire sur les consulats, on doit admettre que tous les jugements consulaires des tribunaux consulaires sans exception sont sujets à appel. Mais on a répondu avec beaucoup de raison : Oui, il est vrai, la procédure consulaire est réglée par l'édit de 1778 ; oui, les lois organiques françaises sont muettes sur le droit de non-appel dont s'agit. Mais ces lois générales reposent sur l'ordre public ; il faut donc recourir aux principes qu'elles ont consacrés. Et cela est surtout impossible à nier, lorsqu'il s'agit des Echelles du Levant, là où le principe d'exterritorialité est en vigueur. Il est évident qu'alors — et ainsi jugea la Cour d'Aix du 3 mai 1845 — « la justice rendue dans les Échelles du Levant à une fraction de la société de France éloignée temporairement du pays, doit être assimilée à la justice constituée en France pour l'universalité des habitants. » Nous pensons donc que les demandes n'excédant pas 1,500 fr., sont jugées en dernier ressort par les tribunaux consulaires. (V. aussi en ce sens un arrêt de la Ch. des Requêtes de 1869).

2° Quelles sont les juridictions devant qui doit être porté l'appel ?

Suivant l'art. 8 du livre 1er titre 9 de l'ord. de 1681, les appellations des jugements des consuls en Levant et en Barbarie ressortissaient du parlement d'Aix, et les appellations des autres jugements consulaires étaient portées devant le parlement le plus proche du consulat. Les parlements ont été supprimés et remplacés par les Cours d'appel. L'appel sera donc porté devant la Cour la plus proche du Consulat. Mais sera-ce la Cour coloniale la plus proche ou bien la Cour métropolitaine? A moins de clause contraire comme celle qui est contenue dans les lois de 1850 et 1858 en faveur des Consulats de la Chine, de Mascate et de la Perse, l'appel devra être porté devant une Cour de la métropole. Car il en était ainsi dans l'ancienne France, bien qu'il existât des conseils supérieursdans les diverses colonies les plus rapprochées des Consulats. Et si ces juridictions ont pris un autre nom, aucun changemens de compétence n'a été apporté à leur organisation (V. arrêté du gouvernement du 20 prairial de l'an 10, ord. du roi du 22 novembre 1810, arrêt de Bordeaux du 24 nov. 1836).

Il est évident que les tribunaux administratifs ne peuvent connaître des décisions judiciaires rendues par les consuls. Ils ne peuvent à ce point de vue recevoir aucun blâme administratif et c'est avec raison que devant la commission d'enquête M. P... contestait la compétence administrative.

3° L'acte d'appel est reçu en chancellerie. Quand il a été reçu par le chancelier, cet acte est signifié à la partie adverse à la requête de l'appelant. Il doit contenir constitution d'avoué. Les principes qui nous ont guidé pour savoir quels jugements consulaires sont rendus en dernier ressort nous conduisent à décider que le délai d'appel est de deux mois. (V. Cassation, 3 janvier 1867) conformément à la loi du 3 mai 1862.

Les sentences des consuls peuvent être soumises au pourvoi en cassation, et d'ailleurs tous les arrêts de Cours d'appel sont soumis à cette voie de recours. A un double titre, les jugements consulaires peuvent donc être déférés en Cassation.

§ 2. *Juridiction Criminelle*

Compétence.

De même qu'avec la juridiction civile des Consuls il nous a fallu parcourir, trop rapidement peut-être, toutes les phases diverses de la procédure, de même avec leur juridiction criminelle nous devons jeter un coup d'œil sur l'ensemble de nos lois de procédure pénale. Les lois fondamentales en cette matière sont la loi du 28 mai 1836 sur les Echelles du Levant, la loi du 8 juillet 1850 sur la Chine, la loi du 18 mai 1858 pour Siam et la Perse, la loi des 19 et 26 mars 1862 pour le Japon. Comme toutes ces différentes lois ont reproduit presque identiquement la loi du 28 mai 1836, il s'ensuit qu'elles forment un ensemble d'institutions que nous qualifierons institutions consulaires en Afrique et en Asie. Dans une seconde catégorie nous ferons entrer les autres consulats; mais ici déjà nous sommes arrêté par une difficulté soulevée par la rédaction de la loi du 28 mai 1836. En effet la loi de 1836 n'a pas abrogé l'édit de juin 1778 pour la juridiction civile, mais elle l'a abrogé pour la juridiction criminelle. Faut-il admettre que cette abrogation concerne tous les consulats ou qu'elle est absolue? On serait tenté de le croire si on réfléchit au but que se propose la loi de 1836. Nous ne nous dissimulons pas qu'il y a là une considération très-puissante. Et elle nous frappe d'autant plus que nous ne sommes pas de ceux qui pensent que la loi doit être interprétée judaïquement. Mais précisément, à la considération invoquée dans l'opinion adverse nous opposons une autre considération qui nous paraît plus forte encore. Si nous proclamons l'abrogation absolue de l'édit de juin 1778, nous devons laisser sans règles une foule de juridictions qui peuvent aujourd'hui accomplir quelque bien et fournir de précieux renseignements à la justice française. D'ailleurs, de quoi traite la loi de 1836? De la juridiction consulaire dans les Echelles du Levant et de Barbarie. Telle est sa rubrique, et comme c'est une loi pénale, son interprétation doit être faite avec restriction. Et ce qui confirme bien notre opinion, c'est ce qui a eu lieu postérieurement pour la Chine, Mascate, Siam, la Perse et le Japon. On n'a pas cru suffisants les traités pour accorder aux consuls une juridiction analogue à celle qu'ils ont dans le Levant. Il a fallu qu'une loi intervint pour sanctionner ces conventions diplomatiques. Donc, le législateur a lui-même reconnu que la loi de 1836 n'était pas de plein droit applicable à tous les consulats. Ah! nous comprenons très-bien que ceux qui croient qu'à tous égards la loi de 1836 est une loi favorable, qui se soucient peu par exemple de voir le jugement des crimes dévolu à une cour d'appel et soustrait aux cours d'assises, nous comprenons, dis-je, que ceux-là désirent l'extension démesurée de la juridiction consulaire. Mais nous ne partageons point ces sentiments. On nous objecte que les juridictions organisées par l'édit de 1778 ont été supprimées et que dès lors il faut se reporter à celles qui ont été organisées à nouveau par la loi de 1836. Nous répondons que, l'édit de 1778 étant sans fondement sur ce point, il faut rentrer dans le droit commun. Or, le droit commun n'est pas la loi spéciale de 1836. En conséquence, l'affaire devra être portée devant la Cour d'assises la plus proche du consulat et, pour l'instruction des crimes, pour le jugement des délits, ou leur simple poursuite selon les cas, les consuls devront se conformer aux prescriptions de l'édit de 1778, art. 55-79, c'est-à-dire que les tribunaux consulaires — là où, soit les traités, soit les usages le permettront — auront le droit de juger les délits n'entraînant que des peines pécuniaires selon nos lois de droit commun. Quand le délit entraîne une peine afflictive, fût-ce même un emprisonnement de six jours, le consul remplira les fonctions de juge d'instruction. Cette compétence d'instruction a un double effet : 1° elle permet, en cas de poursuite ultérieure en France, de retrouver plus facilement et plus sûrement les éléments de preuve, et 2° elle proroge le temps de la prescription, qui reste le même quant au délai, mais dont le point de départ est changé. Car, en cas d'instruction, le délai court du jour où ont été faits ces actes d'instruction et de poursuite non suivis de jugement.

Cependant il est un ordre de faits dans lequel nos consuls en pays chrétiens ont une compétence supérieure à celle que nous venons d'indiquer. Lorsqu'il s'agit de délits commis par des navires de sa nation, le consul doit revendiquer la connaissance de cette affaire, et il doit en assurer la répression. Mais Wheaton fait observer, avec beaucoup de raison, qu'une telle faveur, ne s'accorde qu'aux navires observant et respectant eux-mêmes les principes du droit des gens. « Autrement il y aurait « pour l'État attaqué droit de légitime défense qui « l'autorise à prendre des mesures nécessaires pour « sa garantie. » Ce principe de droit international a été consacré par la Cour de cassation dans l'affaire du *San Alberto* et par la Cour suprême des États-Unis d'Amérique dans l'affaire de la *Santissima Trinitad*. — Et, de plus, il ne faut pas oublier que les gens de l'équipage sont également justiciables des tribunaux locaux pour les délits qu'ils commettent à bord, lorsque ces délits ont été commis envers les passagers.

Revenons aux Échelles du Levant et examinons les règles de compétence que doivent suivre nos consuls. La Révolution renversa les anciennes juridictions de la France. Dans ce bouleversement disparut le tribunal de l'Amirauté, qui était chargé de la répression des délits dans les Échelles du Levant. Aucune disposition postérieure n'avait fixé de règles spéciales à cet effet, quand le gouvernement de la Restauration songea à remédier à cet état de choses. Un projet fut préparé dans ce sens en 1826. Abandonné pour quelques temps, il fut repris sous le gouvernement de Juillet, lorsque le vent de l'opinion publique, — si changeant en France, — se tourna vers les idées de paix et d'amitié internationale. Le travail de 1826 fut repris en 1833 et 1834. M. Parant déposait, en février 1836, devant la Chambre des députés, un projet définitif, qui est devenu la loi du 28 mai 1836. Cette loi offre ceci de remarquable, qu'elle étend encore considérablement la compétence des tribunaux consulaires, et qu'elle laisse subsister la plupart des règles de procédure établies par l'édit de 1778.

Sous l'ancien régime, le pouvoir des tribunaux consulaires comprenait la répression des délits punis de l'amende. Dès que la peine était afflictive ou infamante, le tribunal devait se déclarer incompétent et renvoyer l'affaire devant l'Amirauté de Marseille. Aujourd'hui, il n'en est plus ainsi : le tribunal consulaire est aussi compétent, au pénal, que nos tribunaux civils. On obtient de la sorte un double avantage : on épargne les frais de transport du prévenu en France, et on évite de procéder, comme on le faisait autrefois, sur délibéré et sans débat oral.

Comme les lois de compétence ont un effet rétroactif, on peut considérer comme abrogée la disposition de la loi de 1836, qui attribue au tribunal consulaire les fonctions de la chambre du conseil. Cette juridiction a été supprimée en 1856. Quelle juridiction pourrait subsister à son image! Mais on peut répondre : *Speciei per genus non derogatur.*

Puisque nous sommes à parler de compétence, le moment est venu de nous demander à quel régime est soumise la presse française dans les Échelles du Levant. Lors de la discussion de la loi de 1836, la question fut posée. On répondit qu'il n'y avait point lieu de s'en occuper. Et cependant la Cour d'Aix dut se prononcer sur ce point par arrêt du 23 mars 1872 (*Journal du Palais*, 1873, 7e et 8e livraisons mensuelles). La Chambre des appels correctionnels, sous la présidence de M. Féraud Giraud, rendit un arrêt par lequel elle reconnaissait que ces journaux français, rédigés par des Français, ne pouvaient être soumis aux lois de la presse en France, qu'elle était soumise aux lois de police de l'Empire ottoman, et que les tribunaux consulaires pouvaient connaître des infractions commises par ces journaux lorsqu'ils y étaient invités par l'autorité locale. Certes, nous n'avons pas la prétention d'aller contre l'autorité de la Cour d'Aix; mais nous avons peine à faire cadrer cet arrêt avec le principe d'exterritorialité qui forme la base de nos rapports privés avec la Porte (v. Faustin-Hélie, *Inst. crim.*, tome II). Voyez, du reste, à quelle conséquence nous conduit la décision de la Cour? S'il plaît au sultan ou au khédive de supprimer tous les journaux par un règlement de police, nos consuls devront prononcer cette suppression. Ce serait pour eux un triste rôle.

Heureusement, la jurisprudence a tempéré cette décision par une distinction qui ne doit pas toujours plaire aux journalistes, mais offre des garanties sérieuses à nos nationaux. Le journaliste, en effet, peut commettre un délit de diffamation envers un de ses compatriotes, par la voie de la presse. Qui jugera l'affaire? Faudra-t-il que le consul dise : Il y a là un délit de presse. Or, la presse est régie par la loi territoriale. Au sultan le droit de punir! Aller jusque-là serait assurer l'impunité à la calomnie et au mensonge. Aussi la Cour de cassation a décidé que, si la presse était régie, au point de vue de la police, par la loi du lieu de sa publication, il en était autrement des délits qui se commettaient par la voie de la presse. Le Français qui s'en rend coupable tombe sous le coup de l'article 75 de la loi du 28 mai 1810. Le consul doit le poursuivre, et le tribunal consulaire lui infliger les peines portées par les lois françaises (Cass. du 28 nov. 1857, Ch. crim.), sans qu'il soit besoin de la réquisition des autorités françaises.

Organisation judiciaire.

Nous avons peu de choses à dire sur l'organisation du tribunal consulaire. Tel il est composé en matière civile, tel nous le voyons fonctionner en matière pénale. Le maintien de ce tribunal, de son ancienne composition et même de son existence, n'ont pas eu lieu sans contestation. Comme cette question offre surtout de l'intérêt au pénal, nous avons réservé pour cette place la discussion des motifs qui ont déterminé le législateur. Certes, il n'y a pas lieu de s'étonner de la discussion qui s'est élevée dans le sein de la commission de la Chambre des députés en 1836. Car la plus grande difficulté des consulats est l'exercice de la juridiction. Les jugements consulaires froissent l'amour-propre des justiciables, leurs intérêts, souvent même leur honneur. Il importe donc, avant tout, qu'aucun soupçon de partialité ne puisse se glisser dans l'esprit de l'inculpé ou du plaideur. Cela dépendra en grande partie de la formation du tribunal. Il est de principe chez nous que, sauf pour les contraventions et les affaires de minime importance, aucun juge ne doit seul rendre un jugement : à plus forte raison ne pouvait-on s'arrêter à ce système lorsqu'il s'agit de jugements rendus dans des contrées lointaines, là où le contrôle de l'autorité centrale ne se fait plus si vivement sentir. Restait à déterminer le mode d'adjonction des assesseurs. On le maintint tel qu'il était avant, c'est-à-dire on abandonna le choix au consul. Ce système législatif a été l'objet de nombreuses critiques, et nous les croyons en partie fondées. Sans doute, le choix n'a lieu que pour une année ; sans doute encore le consul a vis-à-vis du ministre des affaires étrangères et vis-à-vis des Français une trop grande responsabilité pour qu'il se permette des choix suspects. Mais enfin, nous le répétons, aucun soupçon de partialité ne doit planer sur les décisions consulaires. Eh bien! en a-t-il toujours été ainsi? Non! lisez les débats du procès de M. P... Vous y verrez le président de la Cour d'appel relevant contre M. P... certaines plaintes de ses anciens justiciables, et M. P... répondant avec raison : « Il ne faut pas être surpris qu'il y ait souvent des plaintes de la part des justiciables froissés, et que ces plaintes ne soient parfois motivées que par les relations qui peuvent exister entre le consul et tel ou tel des adversaires du plaideur qui a perdu son procès. » Est-ce que ces plaintes s'élèveraient si les justiciables ne voyaient en réalité d'autres juges que le consul? Et ne pourrait-on pas combiner le système d'ancienneté avec le système actuel, en donnant au consul un certain pouvoir d'élimination sur le tableau des négociants immatriculés? Ne pourrait-on pas encore combiner l'organisation actuelle avec un choix décidé par le sort? On obtiendrait ainsi les avantages que présente en France la formation du jury, et l'on donnerait plus d'autorité aux décisions du tribunal.

C'est dans la procédure criminelle que nous rencontrons les particularités les plus frappantes. En France, l'instruction a lieu brièvement, d'abord sous le nom d'instruction préparatoire, puis sous celui d'instruction définitive, à laquelle succède, au moins pour les crimes, une nouvelle instruction plus sérieuse devant la Chambre d'accusation. Cette procédure secrète, sans débat contradictoire, a été l'objet de grandes controverses parmi les criminalistes. Mais que diront-ils de ce qui se passe dans nos consulats du Levant? Là, non-seulement on a conservé la procédure inquisitoriale, mais on l'a conservée avec les errements de l'ancien régime, l'information, le récolement et la confrontation. — Après tout, étant une fois admis le système de la procédure inquisitoriale, nous le préférons tel qu'il est pratiqué dans nos consulats du Levant, et notre adhésion serait complète si le consul ne pouvait pas, quand bon lui semble, couper court à toutes ces formalités et faire rentrer les procédures dans le droit commun. De deux choses l'une en effet : ou l'on ne peut soumettre aux juges les mêmes éléments de preuve qu'en matière ordinaire, et alors il faut maintenir les formalités des anciennes ordonnances; ou cette nécessité n'existe pas, et alors pourquoi ne pas retourner aux formes du Code d'instruction criminelle? Or cette nécessité de règles spéciales est manifeste lorsqu'il s'agit de crimes. Les juges qui doivent prononcer sur ces graves infractions sont à une distance telle, il y a impossibilité si évidente de faire venir les témoins en France, qu'on ne saurait employer trop de formalités de procédure; et certes, dans ce cas, les précautions de l'édit de 1778 ne seront jamais superflues; mais en est-il de même pour les délits? Nous ne le pensons pas. En somme, il nous semblerait bon que le consul ne pût jamais, en matière de procédure criminelle, déroger à l'édit de juin 1778, et qu'il ne dût jamais s'y conformer en fait de procédure correctionnelle. Mais nous oublions que notre rôle est d'exposer la loi et que notre incompétence nous interdit toute critique.

Supposons donc qu'un crime ou un délit ait été commis par un Français dans les Echelles. Quelle sera la marche à suivre? S'il s'agit d'un crime, la loi de 1836 donne au consul le droit de faire incarcérer le coupable; il en sera autrement s'il s'agit d'un délit, et le prévenu immatriculé ne pourra être mis en état de détention préventive. Dans le cas où la liberté provisoire n'est pas de droit, exemple en fait de crimes, le prévenu pourra obtenir cette liberté à la condition de fournir caution (art. 8 et 9 de la loi de 1836).

Le prévenu subira son interrogatoire dans les vingt-quatre heures. Après son interrogatoire viendra celui des témoins. Quelques jours après, on recommencera l'instruction. On donnera aux témoins nouvelle lecture de leurs dépositions; on les interpellera de déclarer s'ils veulent y ajouter ou diminuer et s'ils y persistent. Cette opération se renouvellera séparément pour chaque témoin. C'est le récolement dont l'effet, dit Pothier (1),

(1) Traité de la procédure criminelle, section IV, § 5.

« est de mettre la dernière main à la déposition
« des témoins de manière qu'il ne soit plus per-
» mis de la rétracter. »

Au récolement succédera, sauf pour le cas de contumace, la confrontation. Le témoin sera représenté à l'accusé, et pour que l'accusé fournisse contre lui des reproches s'il en a, et pour que le témoin reconnaisse l'accusé et lui soutienne la vérité de sa déposition. La confrontation est un acte indispensable. « La déposition d'un témoin, dit
« encore Pothier, ne peut faire aucune charge con-
« tre l'accusé qu'il ne lui ait été confronté. »

Le législateur de 1836 n'a pas cru ces précautions suffisantes, et il a eu raison. Il a donné au prévenu le droit de se faire assister d'un conseil au moment de la confrontation, avec droit pour le prévenu et pour son conseil d'interpeller les témoins, de les reprocher, de proposer les faits justificatifs et de procéder à une contre-enquête.

L'instruction terminée, les procès-verbaux rédigés, à qui va être soumise l'affaire? Cette question est résolue par les art. 37 et suivants de la loi de 1836. Autrefois, sauf en matière de simple police, il fallait toujours renvoyer au tribunal de l'amirauté de Marseille. Aujourd'hui, il n'en est plus ainsi. Trois hypothèses peuvent se présenter comme résultat de l'instruction : ou le fait est une contravention, et alors le consul qui a procédé à l'instruction prononcera seul le jugement ; ou l'affaire sera compliquée d'un délit ; elle sera alors soumise au tribunal consulaire; ou, en cas d'impossibilité dûment constatée, au consul seul. Mais les peines ne seront pas arbitraires comme sous l'ancien régime. Une seule faculté est laissée au tribunal consulaire : c'est lorsque le Code pénal prononce la peine de l'emprisonnement, le droit de convertir cette peine en une amende spéciale calculée à raison de 10 francs au plus par chacun des jours de l'emprisonnement prononcé (art. 75). Enfin l'instruction peut avoir relevé des indices criminels. Dans cette dernière hypothèse, quand la prévention est suffisamment établie, le prévenu est embarqué sur le prochain navire en partance et renvoyé au procureur général d'Aix, ou de Pondichéry, ou de la Réunion, selon les contrées où le crime a été commis. Le procureur général a lui-même le droit d'évoquer la cause, retenue à tort par le tribunal consulaire. L'affaire, ainsi expédiée, est portée par le ministère public devant la Chambre d'accusation. Jusqu'ici, rien de contraire au droit commun. Mais l'affaire n'est point terminée selon les formes ordinaires, ainsi que le prétendent à tort les savants auteurs du Traité d'instruction criminelle, MM. Chauveau, Adolphe et Faustin-Hélie (t. II). Le jury ne connaît point de la cause. Elle est portée devant la première Chambre et la Chambre des appels de police correctionnelle réunies, qui statuent sans que le nombre de juges puisse être inférieur à douze et sans que la condamnation de l'accusé puisse être prononcée par moins que les deux tiers des conseillers siégeant. Nous ne méconnaissons pas toutes les garanties que présentent la solennité des audiences et la haute impartialité des juges. Et cependant noas n'accédons qu'à notre grand regret à cette procédure. Le législateur a lui-même si bien compris le caractère insolite de cette instruction, qu'il a voulu l'entourer de garanties exceptionnelles. Exemple : tandis que la décision du jury est rendue à la simple majorité ; ici, comme dans les conseils de guerre, la décision doit être prise aux deux tiers des voix. Nous applaudirions à cette disposition si elle se bornait aux décisions défavorables, aux circonstances aggravantes ou à la condamnation. Mais elle nous paraît haineuse en tant qu'elle se rapporte aux décisions favorables, aux circonstances atténuantes. Il nous semble donc utile, dans cette mesure, de supprimer l'exception au droit commun dont nous venons de parler. Ne serait-il même pas utile de rentrer complètement dans le droit commun et de déférer au jury les crimes commis par les Français dans les Echelles du Levant et dans toutes autres contrées assimilées à ces Echelles ? On l'a soutenu lors de la discussion de la loi, et il est certain que de puissants motifs militent en faveur de cette transformation radicale. Ces motifs ne sont autres que les considérations qui soutiennent l'institution du jury. Mais nous ne pensons pas qu'on doive aller jusque là et nous préférons, sauf quelques perfectionnements, le système de la loi de 1836, qui a le mérite d'être consacré par le temps et qui a été adopté à trois reprises différentes par le législateur. On a fait remarquer avec raison que le jury ne pouvait prononcer que d'après un débat oral, seul moyen pour lui de voir clair et de juger sainement, qu'un tel débat était ici impossible et que, quand les éléments de conviction devaient se puiser dans une procédure écrite, les juges ordinaires étaient seuls capables d'en faire une bonne appréciation. On aurait pu ajouter que déférer l'affaire au jury, dans ces circonstances, c'eût été presque toujours assurer l'impunité du coupable; et qu'assurer cette impunité, c'eût été compromettre, aux yeux des peuples étrangers, la rigueur de notre justice et nos capitulations. — On pourrait proposer de renvoyer l'affaire au jury si le prévenu voulait prendre à sa charge les frais de transport des témoins. Mais, outre que ce serait créer une odieuse distinction entre le riche et le pauvre, on ne peut contraindre les témoins à quitter leurs affaires, leurs intérêts, leur famille, pour entreprendre un si long voyage. Une modification plus raisonnable consisterait à rentrer dans le droit commun et à soumettre l'affaire au jury, lorsque tous les témoins seraient présents en France lors de l'instruction définitive et du jugement.

Dans tout ce qui précède, nous avons supposé que les débats sont contradictoires. Il peut cependant en être autrement. L'accusé peut être contumace. On procède alors à l'instruction en se conformant aux articles 465 et suivants du Code d'instruction criminelle, c'est-à-dire sans défenseur, et sans un nombre de conseillers supérieur à trois. Il est bien entendu que le condamné a le droit de purger sa coutumace. Alors on recommence l'instruction conformément aux articles de la loi du 28 mai 1836, dont nous avons précédemment donné le commentaire.

Arrivons aux voies de recours. Examinons-les successivement en suivant l'ordre des juridictions qui ont rendu le jugement.

D'abord, quand le Consul siége comme juge de simple police, contrairement à ce qui se passe en France pour les juges de paix, le consul prononce définitivement et sans appel. Seulement s'il y a partie civile et que la demande en réparation civile excède 50 fr. (loi de 1836, art. 54) en Levant, 1,500 à Mascate, 1,000 en Chine (loi de 1852), le consul renvoie la partie à se pourvoir à fins civiles devant le tribunal consulaire, et néanmoins, statue sur la contravention. Pourquoi a-t-on supprimé ces voies de recours? Pour deux raisons : à cause du peu d'importance des peines qui ne nécessitent pas de grandes garanties, et aussi à cause de la dignité qui doit entourer dans ces pays barbares le pouvoir du consul. Sans doute il y a lieu de craindre quelquefois l'arbitraire. Le consul sera à la fois législateur et juge ; il prononcera les peines contre ceux qui auront violé ses ordonnances. Mais en France, le maire ne se trouvait-il pas dans la même situation? Et puis devant qui serait porté l'appel? Devant le tribunal consulaire présidé par le consul, on appellerait ainsi du consul au consul lui-même. Ainsi point d'appel contre les sentences pénales des consuls. Point de recours en cassation non plus. Mais la loi a maintenu, dans les délais ordinaires, l'opposition aux condamnation par défaut.

Des dispositions contraires existent pour les jugements de police correctionnelle. Tandis qu'en simple police nous avons trouvé l'absence presque absolue de toutes voies de recours, ici nous voyons ouvertes les voies d'opposition, de l'appel et du recours en cassation. Nous n'avons rien de particulier à dire sur l'opposition ni sur le recours en cassation, qui a lieu dans les formes ordinaires. Nous devons dire quelques mots sur l'appel. Ferrière fait observer à ce sujet que les consulats ont été établis à l'instar des siéges généraux de l'amirauté, puisque, comme eux, ils n'ont d'autres supérieurs que les parlements. Les délais sont ceux de droit commun, dix jours par conséquent à partir du prononcé du jugement contradictoire. L'acte d'appel est rédigé en chancellerie. Il doit contenir élection de domicile dans le lieu où siége la Cour qui prononcera sur l'appel. Mais l'appel n'est pas recevable contre un jugement rendu par défaut; le législateur n'a pas voulu que le Français inculpé pût braver cette juridiction; et c'est même là un argument à *contrario* en faveur de l'opinion que nous avons émise en matière civile, et qui consiste à donner aux parties le droit de soustraire d'accord le jugement de la cause au tribunal consulaire.

Lors de la discussion de la loi du 28 mai 1836, on n'avait pas trouvé que toutes les garanties que nous venons d'exposer fussent suffisantes à maintenir le respect et la dignité due à la juridiction consu[illegible] On avait dit notamment que l'effet de l'appel est d'ajourner une réparation, qui souvent doit être prompte pour être efficace, et que les juges n'ayant plus les moyens ordinaires de preuve, ne pouvant interroger les témoins à raison de la distance, réformeraient quelquefois une sentence juste, qu'on arriverait ainsi, après de longs détours, à produire un effet déplorable sur l'esprit des nationaux et sur celui des indigènes. On faisait observer que le juge de simple police prononce sans appel dans une certaine mesure et que tout au moins dans la même mesure, les mêmes pouvoirs devaient être attribués au tribunal consulaire. La Commission n'accepta pas cette solution. Elle fit observer que les peines à prononcer étaient trop graves pour être prononcées sans appel, que d'ailleurs on ne saurait adopter la distinction proposée. Le tribunal consulaire, en effet, ne juge que les délits. S'il prononce une peine inférieure à 50 fr., ce ne peut être que par l'effet des circonstances atténuantes. Son indulgence a pu alors être excessive et dans ce cas on doit permettre au ministère public, au procureur général, d'appeler de la sentence: si on permet d'appeler au ministère public, on doit aussi le permettre au prévenu. La distinction proposée dans la discussion existait cependant dans l'ancien régime. Ferrière remarque en effet, au mot *consul* (dictionnaire) que « les consuls ont, en matière criminelle, le droit de juger définitivement et sans appel au cas où il n'échet aucune peine afflictive, pourvu que les jugements soient rendus avec les députés et quatre notables de la même nation. »

Pour les voies de recours contre les arrêts de la Cour compétente chargée de juger les crimes, nous n'avons point à nous en occuper. Il suffit que nous renvoyions aux règles du droit commun, tracées par le Code d'instruction criminelle.

En terminant cette esquisse rapide sur les consuls, nous ne pouvons présenter un résumé plus complet de leurs attributions que celui qui a été prononcé par le prince de Talleyrand dans son éloge du comte Reinhart : « Les consuls sont dans « le cas d'exercer dans l'étendue de leur arrondis- « sement, vis-à-vis de leurs compatriotes, les « fonctions de juges, d'arbitres, de conciliateurs; « souvent ils sont officiers d'état civil : ils rem- « plissent l'emploi de notaires, quelquefois celui « d'administrateurs de la marine. Ils surveillent « et constatent l'état sanitaire ; ce sont eux qui, « par leurs relations habituelles, peuvent donner « une idée juste et complète de la situation du

« commerce, de la navigation et de l'industrie « particulière au pays de leur résidence. » Certes, nous n'avons pas la prétention d'avoir fait connaître ces attributions si multiples, d'une variété presque infinie, qui embrassent toutes les sphères de la politique, du droit, de l'administration et de la procédure. Des auteurs éminents, tous du métier, ont traité avec soin et développement les attributions, droits, prérogatives et devoirs des consuls. Nous avons voulu, au milieu de nos occupations, jeter un coup d'œil sur une institution qui nous a paru intéressante et qui grandit chaque jour. Chateaubriand a dit au Congrès de Vérone : « L'ère des ambassades est passée, le règne des consulats est venu. » L'histoire a prouvé que les ambassades n'étaient point près de disparaître, mais aussi, et malgré d'épouvantables guerres, on peut remarquer que le droit des gens est appelé chaque jour à prendre un plus grand développement. Le commerce international est entouré de garanties plus efficaces, et, dans cet ensemble d'institutions reconnues et acceptées, les consuls sont appelés à jouer un rôle de plus en plus important. Quoiqu'il advienne de l'avenir, l'histoire de nos consulats offre le spectacle de grandes conquêtes faites par l'intelligence sur la force brutale des armes. Et l'on ne saurait faire un plus bel éloge de la législation qui les régit que celui que prononça le vicomte Reille dans son rapport sur la loi relative à la juridiction des consuls de France au Japon : « L'expérience

« et l'absence de toute réclamation sérieuse ont « établi le mérite de cette législation. »

Le mouvement progressif qui s'est manifesté en France relativement aux règlements consulaires, s'est étendu aux autres pays et semble en bonne voie. Dernièrement encore, la Hollande sentait le besoin de combler les lacunes de sa législation antérieure; un projet présenté aux Chambres en 1845, retiré ensuite, repris en 1867, discuté en 1871, est venu aboutir à une loi du 25 juillet 1871, réglant la compétence des fonctionnaires consulaires en matière d'actes civils et la juridiction consulaire. Cette loi mérite une attention particulière et diffère sous plusieurs rapports des lois en vigueur sur le même objet dans les différents pays de l'Europe (1). Ainsi, nous n'y trouvons rien de semblable à l'art. 48 du Code Napoléon. En Hollande, c'est au pouvoir exécutif qu'incombe le soin de désigner les postes consulaires dont les titulaires pourront remplir l'office de notaires, d'officiers d'état civil et même de juges, là où les traités le permettent. Ainsi encore les jugements des tribunaux consulaires en matière pénale ne sont pas susceptibles de cassation; mais, si au lieu de nous arrêter à ces dissemblances, nous cherchons au contraire les traits de ressemblance avec notre lé-

(1) Ces lois sont, en Belgique, la loi du 31 décembre 1851; en Italie, la loi du 16 août 1858; dans l'Allemagne prussienne, les lois du 29 juin 1865 et du 8 novembre 1867, etc.

gislation, nous trouvons des points fréquents de contact. Qu'il nous suffise de signaler l'organisation du tribunal consulaire, sa compétence, les voies d'instruction et de recours en appel. De toute cette étude il ressort que les nations étrangères ont dû suivre le chemin tracé par notre législateur. C'est un titre dont la France peut se parer dans son infortune.

DES VICE-CONSULS

Enfin, reste à dire quelques mots — mais quelques mots seulement — sur une classe inférieure d'agents, les vice-consuls et les chanceliers. L'ordonnance du 26 octobre 1833 traite de leurs fonctions. Les vice-consuls ne sont pas nécessairement nommés par le chef de l'Etat, ni même par le ministre des affaires étrangères. Ils tiennent le plus souvent leurs pouvoirs du consul, dont ils sont les délégués. Aussi n'y a-t-il guère lieu de s'étonner que leurs attributions soient restreintes et bornées à l'ordre administratif. Pour eux, sauf pour ceux qui sont nommés par le président de la République, aucune correspondance directe avec notre ministre des affaires étrangères ou notre ambassadeur ; près d'eux, point de chanceliers. Ils n'ont pas qualité non plus pour recevoir les dépôts ni pour exercer les fonctions notariales. Ils n'ont pas qualité non plus pour intervenir, comme administrateurs, dans les successions des Français décédés dans le ressort de leur circonscription. Cependant, quand les vice-consuls sont nommés par le Chef de l'Etat, le décret qui les nomme peut leur reconnaître le droit de remplir ces diverses fonctions. Mais le chef de l'Etat lui-même ne pourrait leur donner des attributions judiciaires. Le droit de juridiction tient à l'ordre public. Les lois ne l'ont reconnu qu'aux consuls. Les vice-consuls concilient seulement les parties au civil, et au criminel remplissent les fonctions d'officiers de police judiciaire. Hors de là, ils n'ont et ne peuvent recevoir aucune attribution judiciaire. Ils n'ont pas qualité même pour ce qui concerne la juridiction gracieuse; ils ne peuvent autoriser une expertise, présider à une enquête ; et l'on a jugé avec raison qu'ils sont aujourd'hui sans droit pour autoriser un emprunt à la grosse contracté dans les circonstances indiquées par l'art. 234 du Code de commerce (arrêt de Rouen du 4 janvier 1844). On a vu dans cette autorisation un acte de juridiction ; car en France cette autorisation doit émaner du président du tribunal de commerce ou du juge de paix, car, de plus, cette autorisation a pour but d'accorder à un capitaine le droit d'engager des biens qui ne lui appartiennent pas, en l'absence des propriétaires ; et personne en France n'a ce pouvoir, si ce n'est la justice. Quelles sont donc en définitive les fonctions des vice-consuls? Je l'ai déjà dit, ces fonctions sont purement administratives. Elles consistent dans la protection des Français, la surveillance de la navigation et du commerce national, la perception de certains droits, en un mot l'exercice de la délégation consulaire dans les limites que celle-ci comporte.

DES CHANCELIERS

Près de chaque consul est un chancelier nommé par lui et agréé par le ministre des affaires étrangères. De même que le consul, le chancelier a plusieurs rôles à remplir. C'est avant tout un homme de plume. Sa compétence tient à la fois du notaire, de l'huissier et du greffier. En tant que notaire, il n'instrumente pas seul; mais, quelquefois aussi, assisté du consul qui partage sa responsabilité et qui joue un rôle analogue à celui du second notaire en France. Le ministère du chancelier n'est pas obligatoire pour ceux qui y ont recours, mais celui-ci ne peut le refuser à ceux qui y ont droit et qui consignent les frais à l'avance. Il doit aussi recevoir en dépôt les actes — même sous seing privé — qui lui sont remis. Il est alors tenu des obligations du déposant et, en cas de violation de ces règles, il tombe sous le coup des articles 254 et 255 du Code pénal.

Du cabinet du consul, le chancelier passe à l'audience du tribunal consulaire. Que ce tribunal siége au civil ou au criminel, qu'il soit de simple police ou de police correctionnelle, le chancelier occupe la place du greffier et libelle les jugements, les signifie, et dirige toute la procédure. Il a une grande responsabilité, et l'on ne peut vraiment pas trouver excessifs les émoluments qui lui sont accordés et qui, depuis le décret du 20 août 1860, consistent uniformément en une remise fixe et en remises décroissantes. Quand le chancelier a vieilli dans sa profession, les hautes distinctions qui d'ordinaire ennoblissent le consul ne lui sont pas réservées. Et il s'estime heureux si le titre purement honorifique de consul honoraire lui est décerné en récompense de ses bons offices.

DEUXIÈME PARTIE

Des Ambassades

Pour compléter notre étude sur le droit international, nous allons faire un exposé rapide des droits d'ambassade chez les modernes.

Et d'abord, d'où vient ce mot d'ambassade? Son origine espagnole (*enviare*, qu'on prononce *ambiar*, et qui signifie envoyer), nous fait reporter à une époque où la prépondérance dans les deux-mondes appartenait à une nation bien déchue de nos jours. Faudrait-il en conclure que les ambassades permanentes auraient leur origine en Espagne? Nous avons dit ailleurs quelles étaient les raisons qui nous écartaient de cette opinion et qui nous faisaient penser que nous étions redevables de cette institution à l'Italie. M. Jules Grenier et M. Wheaton ont traité d'une façon intéressante cette question historique. Je crois donc inutile d'y insister. Je ne chercherai pas non plus à fixer la date précise où ont été introduites les premières ambassades permanentes. Wicquefort fait remonter cet usage au cours du XVe siècle. Cette date semble probable et coïncide heureusement avec la conquête de Constantinople par les Turcs, la découverte de l'Amérique, les guerres d'Italie et la guerre de Cent ans, qui ont bouleversé les institutions et la configuration de l'Europe. Et toutefois, il y avait déjà longtemps que les papes avaient près des rois de France et des empereurs de Constantinople des envoyés sous le nom de responsales, puis sous le nom de légats. Il est vrai que ces missions concernaient les affaires religieuses, et qu'à ce titre Wicquefort a pu ne pas en tenir compte. Peut-être, aussi son silence a une raison beaucoup moins honorable. Quiconque a lu le *Mémoire touchant les ambassadeurs* a pu facilement se convaincre de la haine que son auteur nourrissait contre le catholicisme; Wicquefort, en effet, reproche à l'Église de s'être interposée dans les affaires publiques internationales. Quoi qu'il en soit, nous acceptons comme vraie la date de Wicquefort, en ce qui cencerne la France. Nos rois furent, parmi les princes séculiers, les premiers qui donnèrent à la diplomatie une impulsion régulière et cultivèrent avec fruit cette science née sur les côtes de la Méditerranée et de l'Adriatique. Louis XI avait des envoyés permanents auprès du roi d'Angleterre et du duc de Bourgogne. Mais si les droits des ambassadeurs, peu respectés au moyen âge, furent déjà reconnus vers le XVe siècle, si l'on connut alors les légations permanentes, si au XVIe siècle fut créé un ministère des affaires étrangères, ce fut cependant au XVIIe siècle que ces institutions prirent un développement général. La paix de Westphalie, en assurant sur des bases solides l'équilibre des nations, en poussant les peuples, vers le commerce, accomplit cet heureux résultats, et nécessita la création de légations permanentes dans toutes les cours de l'Europe.

Aux termes d'un règlement du 19 mars 1815 et du protocole d'Aix-la-Chapelle du 21 novembre 1818, les agents diplomatiques se divisent en quatre classes, savoir :

1° Celle des ambassadeurs, légats ou nonces;

2° Celle des envoyés, ministres ou autres accrédités auprès des souverains;

3° Celle des ministres résidents;

4° Celle des chargés d'affaires accrédités auprès des ministres des affaires étrangères.

Les ambassadeurs, les légats et les nonces ont seuls le caractère représentatif, c'est-à-dire qu'en principe au moins ils sont censés représenter la personne de leur souverain, ont droit aux mêmes honneurs et peuvent traiter personnellement avec le souverain près duquel ils sont accrédités. Mais les usages de l'Europe ont singulièrement amoindri ce principe, et on peut dire qu'aujourd'hui l'envoi d'ambassadeur est une question de faste et de luxe. La Prusse et les États-Unis, par économie, n'entretiennent pas un seul ambassadeur. L'Angleterre en a trois : un à Paris, un à Saint-Pétersbourg, un à Constantinople; c'est en effet aux relations avec ces trois cours que l'Angleterre attache une importance exceptionnelle. La France est l'une des puissances qni envoient le plus d'ambassadeurs. Elle en a six : un à Londres, un à

Vienne, un à Rome, un à Constantinople, et un à Saint-Pétersbourg. Une nouvelle ambassade vient d'être créée près de la Confédération Helvétique (décret du 1er décembre 1873). Les têtes couronnées et les États jouissant des honneurs royaux ont seuls le droit d'envoyer des ambassadeurs. Une prérogative qui est maintenue à l'ambassadeur consiste dans le droit de se couvrir devant le prince; ce droit est un corollaire du caractère représentatif. Longtemps nos rois le refusèrent aux ambassadeurs suisses et aux ambassadeurs des princes électeurs.

Les autres agents diplomatiques diffèrent entre eux par l'etendue de leurs pouvoirs, mais ils ont cela de commun qu'ils ne représentent pas leur souverain en dehors des affaires dont ils sont chargés. La création de ces classes distinctes d'agents diplomatiques n'est pas due au congrès de Vienne. Elle remonte à l'ancien régime et a été introduite pour épargner les frais si coûteux d'ambassades et aussi pour éviter les contestations entre les ministres des différents princes. surtout pour le rang. Nous dirons un mot de ces contestations lorsque nous nous occuperons de la préséance.

Le règlement de 1815 (art. 4) déclare que les employés diplomatiques en mission extraordinaire n'ont à ce titre aucune supériorité de rang. Il paraît que des usages contraires ont persisté et qu'à cause de cela la plupart des ministres en mission permanente prennent le titre d'envoyés extraordinaires.

Les auteurs ont presque tous examiné la question de savoir si le droit de légation est une obligation parfaite, ou si, au contraire, elle ne l'est pas.

En pratique le droit de légation est un droit imparfait, basé sur des rapports de convenance et de politesse, et, comme l'observe Wheaton, « il doit recevoir des modifications en raison de la nature et de l'importance des relations à entretenir entre les différents Etats par le moyen des rapports diplomatiques. »

Ceci posé, demandons-nous à qui appartient le droit d'envoyer des ministres publics? Aux Etats souverains et à eux seuls. Mais qu'entendre par Etat souverain? Grotius n'en trouve pas de meilleure définition que celle qui est donnée par Virgile au livre VII de l'Enéide :

Omnem equidem sceptris terram quæ libera nostris
Dissidet, externam reor.

Quelque bonne que semble cette définition à Grotius, elle n'est ni assez claire, ni assez explicite. Et les exemples de l'histoire ont plus d'une fois montré qu'il était assez difficile de déterminer le caractère de la souveraineté. Ainsi on s'est demandé si ce droit devait être reconnu à un Etat tributaire, à un Etat faisant partie d'une Confédération, à une ville qui porte bannière, à un souverain dépossédé. Les publicistes se prononcent, en général, en faveur de ce droit. Tel est l'avis de Vattel et de Merlin. Celui-ci fait d'ailleurs remarquer avec raison que, pour l'Etat confédéré, il faut s'attacher à la nature de chaque Confédération et à l'acte qui la constitue. C'est ainsi que le droit de légation était reconnu à chaque Etat de la Confédération des Provinces unies, et est, au contraire, refusé à chaque Etat des Etats-Unis d'Amérique. Un exemple célèbre dans l'histoire, celui de l'évêque de Ross, vient à l'appui de l'opinion qui reconnaît le droit d'ambassade au souverain dépossédé. Par contre, l'usurpateur a-t-il le droit d'ambassade? Merlin reconnaît que les puissances étrangères peuvent ne suivre que la possession, et c'est en effet ce que le gouvernement français a pratiqué récemment vis-à-vis de l'Espagne.

Autrefois les priviléges des agents diplomatiques étaient très-étendus, beaucoup plus que de nos jours. Nous n'avons pas la prétention de les exposer tous. Nous nous bornerons à citer les principaux : ce sont le droit d'asile, l'exemption du droit d'aubaine, le logement aux frais de l'Etat et la préséance.

Thomasius a consacré au droit d'asile des ambassadeurs une dissertation entière, où il expose les différends qui s'élevèrent à ce sujet entre nos rois et les papes. Il faut avouer que ces derniers n'avaient pas tort et que l'asile, comme il était pratiqué alors, avec la franchise de quartiers et les billets de protection, faisait souvent de l'hôtel d'ambassade un repaire de voleurs et soustrayait, sans nécessité, des quartiers entiers à la juridiction de leurs tribunaux naturels.

Le règlement du 19 mars 1815 sur le rang entre les agents diplomatiques a été rendu « pour prévenir les embarras qui se sont souvent présentés. » Ces embarras furent extrêmes et firent couler le sang. Au congrès de Westphalie, dit Wicquefort, les ambassadeurs de France et d'Espagne ne faisaient pas un seul pas à Munster qui ne fût concerté et ne cédaient pas le moindre avantage qui pût être tiré à conséquence. Tout le monde connaît la bataille qui fut livrée en 1661, dans les rues de Londres, entre les gens de l'ambassade de France et ceux de l'ambassade d'Espagne, au sujet de la préséance. L'Espagne nous contestait alors une suprématie universellement acceptée. Elle dut la reconnaître en 1662, et aucune autre puissance ne nous la contesta jusqu'en 1789.

En France, la préséance était donnée au nonce du pape, et il garde encore cette prérogative. C'est un hommage rendu par les puissances à l'autorité spirituelle. C'est une protestation contre la suprématie de la force. — Le logement des ambassadeurs aux frais de l'Etat fut supprimé en 1649. Une troisième prérogative consistait dans l'exemption du droit d'aubaine, exemption cependant incomplète, qui permettait bien à l'ambassadeur et aux gens de sa suite de transmettre leurs successions à leurs héritiers naturels, bien qu'étrangers, lorsqu'ils décédaient en France, mais qui ne leur permettait pas de recueillir des successions ; et même on discutait pour savoir si les simples envoyés ou résidents jouissaient, comme les ambassadeurs, de l'exemption du droit d'aubaine. Ferrière cite, dans le sens de la négative, un arrêt du Conseil du 14 janvier 1727.

Aujourd'hui ces trois privilèges n'existent plus. Evidemment il ne faudrait pas parler des franchises de quartier, sauf cependant dans les pays musulmans et les contrées qui leur sont assimilées par les traités. Quant au droit de préséance, il ne tient plus à la dignité de la nation, mais au caractère de l'agent diplomatique. Chaque classe est préférée à la suivante, et dans chaque classe la préséance est accordée à l'agent le plus ancien en exercice. La date d'ancienneté court d'ailleurs de la notification officielle de la réception faite par l'agent au ministère des affaires étrangères. Enfin, depuis la suppression des art. 919 et 712 du Code civil, le droit d'aubaine a complètement disparu de nos lois. Il ne saurait donc plus être question de l'exemption de ce droit. Bien que restreints de ces chefs, les privilèges diplomatiques ont encore aujourd'hui une étendue considérable.

La première idée qu'éveille le caractère diplomatique est l'idée d'inviolabilité. L'ambassadeur est un surveillant qui peut souvent gêner par sa présence : c'est un envoyé qui peut quelquefois avoir des missions délicates et blesser les oreilles d'un prince. Comme il est la voix de son souverain, il importe qu'il jouisse des mêmes prérogatives et qu'il accomplisse librement sa mission. Or le seul moyen d'y parvenir est de lui assurer la liberté et la sécurité la plus complète. Nous avons vu avec quel soin jaloux les Romains avaient respecté ce principe. On n'a pu faire mieux qu'eux. Seulement la sanction n'a pas été la même. On ne pratique plus aujourd'hui la livraison du coupable à l'ennemi, on suit la règle de la loi 7, D., *ad legem Juliam* : ceux qui ont outragé les ambassadeurs sont punis par leurs juges naturels. Chez nous, l'art. 17 de la loi du 17 mai 1819 punit spécialement la diffamation envers les agents diplomatiques accrédités en France. Il subordonne l'instruction à la plainte de l'agent outragé; mais on doit observer avec Boitard que le désistement de l'agent n'arrêterait point la marche de la justice. On doit observer aussi que le coupable ne pourrait point se disculper en emportant la preuve des faits allégués. Des raisons de haute convenance internationale ne permettent pas au juge de tenir compte de ces faits. On comprend qu'il importe à l'État de connaître les fautes de ses agents. On comprend que la loi ne punisse pas le publiciste qui a dévoilé ces fautes : mais quel profit l'État retirerait-il de la divulgation des faits odieux avancés par un journaliste contre un ambassadeur étranger? D'ailleurs cet ambassadeur est bien un fonctionnaire public attaché près de notre gouvernement, mais il n'est pas un fonctionnaire de notre gouvernement.

Avant le Code d'instruction criminelle, la connaissance des procès concernant la violation du caractère diplomatique était déférée à des jurys spéciaux par le Code de brumaire an IV; aujourd'hui ces affaires doivent être déférées au jury ordinaire. On avait soutenu que les délits de diffamation devaient être jugés par le tribunal correctionnel; mais la Cour de cassation a condamné cette doctrine par arrêt du 27 janvier 1843.

La conséquence immédiate de l'inviolabilité diplomatique est généralement connue sous le nom d'exterritorialité. (V. Fœlix, *Droit international privé.*)

C'est une fiction en vertu de laquelle l'ambassadeur, quoique résidant de fait sur une terre étrangère, est censé en droit se trouver dans sa patrie ; fiction qui d'ailleurs a ses limites imposées par la plus stricte nécessité. Dans certains pays comme l'Autriche, l'exterritorialité n'a d'autre fondement qu'un usage immémorial. Mais en France elle a été implicitement reconnue par le législateur. On avait en effet proposé, dans le projet du Code civil, d'ajouter à l'art. 3 une exception formelle pour les ambassadeurs des puissances étrangères, les membres de leur famille et les gens de leur suite. Cette addition ayant été supprimée, et le Tribunat s'étant plaint de cette suppression, Portalis répondit que le paragraphe en question avait été rejeté parce que « ce qui regarde les ambassadeurs appartient au droit des gens, » et qu'il n'y avait point lieu de s'en occuper « dans une loi qui n'est que de régime intérieur. » Ce principe avait d'ailleurs été reconnu antérieurement, pour ce qui touche les attributions criminelles, par la loi du 13 ventôse an II. Quand nous disons que la loi du 13 ventôse an II a reconnu ce principe, peut-être allons-nous bien loin. La loi, en effet, interdit bien à toute autorité constituée d'attenter en aucune manière à la personne des envoyés des gouvernements étrangers; mais elle réserve les droits du gouvernement ; car elle ajoute aussitôt : « Les réclamations qui pourraient s'élever contre eux seront portées au comité du salut public qui est seul compétent pour y faire droit. » La loi du 13 ventose an II semble bien par là donner au gouvernement le pouvoir de juger ou de faire juger les ambassadeurs des puissances étrangères.

Les conséquences de l'exterritorialité sont intéressantes à étudier. Nous ne parlons pas de certaines conséquences futiles, comme la dispense de porter la cocarde nationale. Cette dispense, accordée aux ambassadeurs étrangers par l'art. 6 du décret du 5 juillet 1792, a cependant son degré d'importance. Toute frivole qu'elle nous semble, elle était le corollaire d'un principe ; elle affirmait ce principe. Nous ne nous arrêterons pas non plus à la conservation du domicile d'origine. Les publicistes et Grotius, le premier, ont, il est vrai, enseigné que l'ambassadeur conservait son domicile dans son pays, parce qu'il représentait son souverain. Mais nous ne pouvons nous ranger à cette opinion. L'art. 106 du Code civil dispose en effet d'une manière générale : « Le citoyen appelé à une fonction publique temporaire ou révocable conservera le domicile qu'il avait auparavant, s'il n'a pas manifesté d'intention contraire. » Donc, quant aux ambassadeurs français, ils conservent en France leur domicile ; ils ne doivent pas cette faveur au caractère diplomatique, mais uniquement à leur caractère de fonctionnaires publics. Le consul, lui aussi, conserve son domicile d'origine,et cependant il n'a point d'attributions diplomatiques. Quant aux ambassadeurs étrangers en France, ils rentrent à ce point de vue dans la catégorie générale des étrangers. Pour avoir leur domicile en France, ils auraient besoin de l'autorisation du chef de l'État, et ils ne songeront jamais à la demander. Ce n'est également pas à cause de leur caractère diplomatique, mais à cause de leur qualité de fonctionnaires publics, que nos ambassadeurs, ministres et autres envoyés, ont reçu de la loi certaines attributions civiles, comme le droit de recevoir les actes de l'état civil des Français en pays étranger.

Il faut en dire autant de la dispense de tutelle et de curatelle dont jouissent nos agents diplomatiques à l'étranger. Cette dispense leur est accordée en vertu des art. 428, 429 et 430 du Code civil. L'art. 428 porte : « Sont également dispensés de la tutelle, les militaires en activité de service *et tous autres citoyens qui remplissent hors du territoire du royaume une mission du roi.* » Si la mission est contestée, l'art. 429 déclare que la dispense ne sera accordée qu'après la représentation faite par le réclamant du certificat du ministre dans le département duquel se place la mission articulée comme excuse. La dispense n'est d'ailleurs pas accordée aux agents qui ont accepté la tutelle postérieurement à leurs fonctions.

J'arrive ainsi naturellement à la vraie, presque à la seule, conséquence de l'exterritorialité. Je veux parler de l'exemption de juridiction. La raison qui justifie ce privilége est la raison même sur laquelle s'appuie l'exterritorialité. Elle avait déjà été donnée par les Romains : *Ne impediatur legatio.* Il ne faut pas que l'ambassadeur soit inquiété dans sa personne ni troublé dans sa mission par des procès.

Occupons-nous d'abord de l'exemption de la juridiction civile. Les tribunaux français ont eu plus d'une fois l'occasion d'émettre leur avis sur cette importante question. Leur décision n'a jamais varié, et ils se sont toujours montrés très-larges dans l'application de ces principes. Je me bornerai à rapporter trois décisions de la Cour de Nancy et deux autres de la Cour de Paris. A la suite de la guerre désastreuse de 1870, la Cour de Nancy eut à juger la question de savoir si un Etat étranger peut être cité devant un tribunal français en la personne de ses agents pour un marché conclu dans le ressort de ce tribunal, si, en un mot, il fallait ou non appliquer l'art. 14 du Code civil. La Cour de Nancy a jugé que l'art. 14 ne pouvait en pareille matière recevoir son application. Elle a fondé sa décision sur un argument *a fortiori* tiré de la situation des ministres publics et sur le brocart romain : « *Nemo debet esse ignarus conditionis ejus cum quo contrahit* » (1).

La jurisprudence invoquée par la Cour de Nancy est empruntée spécialement à la Cour de Paris. Elle dépasse tout ce que les publicistes ont enseigné. Ainsi maints auteurs ont proposé des distinctions. Ils ont dit notamment que l'exemption de juridiction ne devait exister que pour les affaires ayant rapport à la mission diplomatique. Et cette manière de voir avait été adoptée par un jugement du tribunal de commerce de la Seine, en date du 24 juin 1812. Le tribunal avait pensé qu'admettre l'exterritorialité pour des affaires étrangères à la mission serait permettre aux ministres publics d'assurer l'impunité de leurs fautes privées, de manquer à leurs obligations et d'attenter librement aux intérêts des tiers. Mais la Cour d'appel de Paris, sans s'arrêter à toutes ces considérations, déclara le jugement nul et incompétemment rendu.

(1) Nancy, 31 août 1871. Dalloz (P.), année 1871. « Considérant que, consacré par le droit des gens européen, enseigné par tous les publicistes, respecté par la jurisprudence des cours et des tribunaux, ce principe de la souveraineté et de l'indépendance des États, au point de vue juridictionnel, a été de plus implicitement admis par le Conseil d'État, dans sa séance du 6 thermidor an IX, au profit des ambassadeurs, ministres ou envoyés étrangers... que l'immunité ainsi accordée aux ambassadeurs, ministres ou envoyés étrangers, appartient *a fortiori* aux gouvernements qui les accréditent et dont ils tiennent les pouvoirs, etc., etc.

attendu le caractère diplomatique de l'appelant. Cet arrêt nous semble bien motivé, et une nation s'honore d'autant plus qu'elle respecte avec la plus scrupuleuse exactitude les principes du droit des gens. Mais cependant toute règle a ses bornes. Et la Cour nous paraît dépasser les limites naturelles de l'exterritorialité lorsqu'elle déclare que, les immunités diplomatiques étant d'ordre public, ceux qui en jouissent comme représentant leur gouvernement ne peuvent y renoncer, et qu'on ne peut exciper contre eux d'aucun acte par lequel ils auraient consenti à s'en dépouiller, que dès lors l'incompétence des tribunaux français pourait être proposée en tout état de cause et ne saurait être couverte par le consentement que l'agent aurait donné à plaider devant le tribunal (Paris, 21 août 1851). Cette décision de la Cour de Paris est contraire à la décision rendue par le Parlement de Paris en 1589 et cité par Merlin (*Rép.*, v° Ministre public). Elle est de plus contraire à un arrêt plus récent de la même Cour de Paris (V. *Gazette des Tribunaux* du 15 août 1857). Cet arrêt a même admis comme valable la renonciation implicite de l'agent diplomatique à la juridiction nationale. Pour quel arrêt devons-nous opter? Notre solution n'est ni celle de l'arrêt de 1812, ni celle de l'arrêt de 1857. En d'autres termes, nous admettons, mais nous admettons seulement, la renonciation explicite à l'exemption de juridiction. En effet, pour quel motif a été introduit ce privilége? Nous l'avons assez répété « ne impediatur legatio. » Mais ce motif disparaît lorsque l'action émane de l'ambassadeur qui a pu en mesurer les conséquences et en connaître l'opportunité. Il n'y a pas à s'arrêter aux inconvénients qui peuvent se produire par suite des voies d'exécution. La contrainte par corps est supprimée et les convenances seront gardées si l'exécution ne s'étend pas aux objets indispensables à l'exercice des fonctions diplomatiques. (V. la *Revue critique de législation et de jurisprudence*, année 1858. — *De la Renonciation au privilége d'exemption de juridiction*, par Willefort.)

Lorsque le ministre public a introduit l'instance, il est évident qu'il a dû se soumettre par cela seul à toutes les conséquences pouvant résulter de cette action. Il devra donc payer les dépens auxquels il aura été condamné. S'il gagne son procès, le jugement du tribunal pourra être soumis à appel, et l'ambassadeur devra se soumettre à la juridiction d'appel. Devant le tribunal ou la Cour, il devra répondre à la demande reconventionnelle intentée contre lui.

Mais là s'arrêtent les obligations du ministre public en pareille matière, et il faut rejeter la théorie émise par la Cour de Paris en 1857, sur la renonciation implicite. Quoi! un ministre, un ambassadeur donnera à sa femme une provision pendant l'instance en séparation pendante dans son pays! Il passera un acte de donation devant un notaire français! Il conclura un marché avec un fournisseur français, et, par ce seul fait, on pourra conclure qu'il a renoncé au privilége d'exemption de juridiction ! On dira : Il a renoncé implicitement à ce privilége. Il doit être traduit devant les tribunaux français, au moment où il s'y attend le moins, dix ans, vingt ans peut-être après la passation du contrat, après la convention du marché! Tant pis s'il est retenu par ses occupations ! — Mais, me dira-t-on, et les tiers? que faites-vous de l'intérêt des tiers? Faudra-t-il donc que ce pauvre négociant français aille plaider à Madrid où à Saint-Pétersbourg, s'il plait à son débiteur récalcitrant? Certainement, on pourra en venir là. Mais, après tout, le créancier aura-t-il bien le droit de s'en plaindre? Il a connu la condition de son débiteur, ou il a dû la connaître. C'est ce que répondit M. Wheaton au gouvernement prussien, dans le différend qu'il eut avec ce gouvernement pour un fait personnel.

Un mot, maintenant, sur l'exemption de juridiction en matière criminelle. Ici toute renonciation, même explicite, est impossible; les débats de l'audience pourraient compromettre le caractère du ministre inculpé. Mais évidemment nous lui reconnaissons le droit de se porter partie civile.

Une des questions les plus controversées de la matière est celle de savoir si l'exterritorialité cesse lorsque l'ambassadeur est accusé de conspiration contre l'Etat. Il est évident qu'alors des mesures préventives peuvent être prises contre lui; il est évident encore que les principes de la légitime défense permettent de repousser ces attaques par la force; mais quand un ambassadeur est accusé d'attentat contre la sûreté de l'Etat, doit-on le livrer aux tribunaux français ou l'expulser du territoire et demander sa punition au gouvernement qu'il représente? Ce dernier parti nous semble préférable.

Les ambassadeurs et ministres étrangers résidant en France peuvent refuser de venir déposer devant la justice française (1) sur des faits dont il ont connaissance. Nos agents à l'étranger ne pourraient au contraire se refuser à témoigner devant nos tribunaux. Mais, à cause de leur dignité, le Code d'instruction criminelle (art. 510 à 517), a prescrit des formes spéciales sur la manière dont devaient être reçues leurs dépositions. Il est clair, d'ailleurs, que nos agents diplomatiques sont soumis de toutes manières à notre juridiction, tant civile que criminelle. Et ils y sont soumis, même pendant leur mission. Sous l'ancien régime, il arrivait parfois que le cours de la justice était suspendu à leur égard par des lettres d'État ou des arrêts de surséance. Ces priviléges sont tombés avec la Révolution. Tout sursis doit être refusé.

Une autre conséquence de l'exterritorialité diplo-

(1) « Il n'y a que les Turcs et les Barbares, c'est-à-dire les brutaux qui ont perdu tout le respect qui est dû au droit des gens, qui contraignent les ministres publics des princes étrangers à comparaître en justice. » Wicquefort.

matique est l'exemption des impôts personnels. C'est ainsi que, sous l'ancien régime, un arrêt du Conseil du 17 décembre 1722 déclara les ambassadeurs étrangers exempts de la capitation.

L'exterritorialité n'est pas une faveur qui soit réservée seulement à l'ambassadeur. Il faut l'étendre aux membres de sa famille, à sa femme (arrêt de la Cour de Paris, affaire Sylveira), aux gens de sa suite, et même à ses domestiques. — Son hôtel, ses meubles, et tous les objets indispensables à sa mission participent également à cette faveur et sont empreints d'un caractère sacré. Ses courriers sont inviolables. Ce principe fut formellement reconnu, en ce qui touche l'hôtel, le 11 décembre 1789, par le ministre des affaires étrangères, et par l'Assemblée constituante. La demeure de l'ambassadeur et de tout ministre public est donc inviolable. En aucun cas, l'autorité ne peut porter atteintes à ses immunités par des mandats ou des décrets. Mais, on l'a observé avec justesse, les raisons sur lesquelles est fondée la franchise de l'hôtel prouvent qu'elle existe seulement en faveur des ministres et de leurs gens (V. ord. de François Ier, de 1539, art. 166. — C. I. c. art. 98).

Les immeubles de l'ambassadeur ne doivent pas être assimilés à ses meubles ou à son hôtel. Ils ne sont donc pas exempts d'impôts (*Gazette des tribunaux*, du 26 juin 1836). Si le ministre public trouve utile et profitable pour sa fortune d'acheter des terres dans le pays où il est envoyé, libre à lui de le faire ; mais cet achat n'a rien de directement profitable à sa mission.

Lorsque nous avons dit que les domestiques jouissaient du privilége d'exterritorialité, peut-être aurions nous dû observer que cette faveur ne leur est pas accordée dans leur propre intérêt mais dans l'intérêt de leur maître. Cette immunité cessera donc au gré de celui-ci, lorsqu'il manifestera expressément l'intention de les livrer à la justice (Devilleneuve et Carré, année 1852, 1. 467).

L'enfant, né dans un hôtel d'ambassade étrangère à Paris, peut-il invoquer le bénéfice de l'article 9 du Code civil? Pas de difficulté d'abord si cet enfant est issu de parents étrangers qui ne sont point attachés au service de l'ambassadeur. Mais que décider s'il est le fils d'un employé de l'ambassade, do l'ambassadeur lui-même? Il me semble incontestable que cette faculté lui doit être accordée. Il serait étrange, en effet, que l'exterritorialité établie en faveur de certaines personnes tournât à leur détriment et retardât leur entrée dans la nationalité française. Il faut, du reste, s'en tenir à cette considération et n'y pas ajouter une autre, invoquée par M. Legat (1), qui consiste à dire que l'inviolabilité étant une question de droit des gens ne peut pas influer sur une question de droit civil. Il y a maintes hypothèses dans lesquelles cette influence est manifeste. En veut-on un exemple? Je l'emprunterai à M. Legat lui-

(1) Legat. Code des étrangers, p. 10.

même. Est-ce que les assignations données à l'ambassadeur ne sont point remises au parquet du procureur de la République? — Ce qui est vrai, c'est ce que les conséquences de l'exterritorialité sont marquées par le but à atteindre et doivent être restreintes dans les limites de cette nécessité. Et précisément dans l'espèce nous sommes au delà de ces limites.

Le moment serait venu de nous occuper des devoirs qui incombent aux ambassadeurs et des prohibitions qui leur sont imposées. Mais est-ce bien à nous qu'il appartient d'émettre des opinions sur la diplomatie? Nous évitons cette tâche qui nous conduirait trop vite au ridicule. Bornons-nous à rappeler, avec Wicquefort, qu'un ambassadeur ne peut subdéléguer son pouvoir, à moins d'en avoir reçu l'autorisation spéciale, et à signaler le projet récemment déposé par le baron de Janzé, d'après lequel les ambassadeurs, ministres plénipotentiaires et autres envoyés du gouvernement français à l'étranger n'auraient pu dorénavant siéger à l'Assemblée nationale. A notre grand regret, ce projet vient d'être écarté par la commission d'initiative parlementaire.

L'ambassade, étant un mandat, doit finir, comme tous les mandats, par la mort du mandataire, par celle du mandant, par l'expiration du mandat, par la révocation du mandataire ou par la renonciation de celui-ci au mandat.

POSITIONS

DROIT ROMAIN.

1. La société n'est pas une personne morale.

2. La femme ne peut, en s'obligeant, renoncer au sénatus-consulte Velléien.

3. L'origine du colonat est due à une révolution administrative qui s'accomplit probablement vers le IVe siècle.

4. Les servitudes, même sous Justinien, s'éteignent par le non-usage.

5. Conciliation des lois 24, § 2, D., XLII, 5, et 7, § 2, 3, 4, D., *Depositi* (XVI, 3).

6. La transaction n'est pas rescindable pour cause de lésion.

7. Le débiteur peut forcer le créancier à recevoir son paiement avant le terme, *deducto interusurio.*

8. La cession de créance n'existait pas en droit romain.

9. En cas de vente faite par un héritier testamentaire ou *ab intestat* de sa part héréditaire, les accroissements, même postérieurs à l'époque de la

vente, profitent à l'acheteur et non pas au vendeur.

DROIT DES GENS.

Le testament consulaire, tel qu'il était admis par l'ordonnance de 1681, est toujours en vigueur.

L'ambassadeur peut renoncer, dans une certaine mesure, à ses priviléges diplomatiques.

HISTOIRE DU DROIT.

Les établissements de saint Louis ne sont pas une œuvre législative et n'appartiennent pas à ce roi.

Les *scabini* ne sont autres que les *rachimburgi*.

DROIT CRIMINEL.

La clef destinée à une porte, égarée, puis remplacée, ne peut être considérée comme une fausse clef.

La justice n'a pas le droit de faire tomber le secret professionnel. Le prêtre ou le médecin, tenus à ce secret, peuvent donc, de ce chef, se refuser au témoignage.

Le duel n'est pas puni par la loi pénale.

L'ivresse non préméditée est une circonstance atténuante.

DROIT ADMINISTRATIF.

La loi du 13 vendémiaire an IV est toujours en vigueur.

DROIT CIVIL FRANCAIS.

Le législateur ne peut raisonnablement proclamer la liberté absolue de tester.

Le partage d'ascendants n'est pas soumis à la règle de l'art. 832 du Code civil.

Le défaut de publications en France ne rend pas, par lui seul, nul le mariage contracté par des Français à l'étranger.

Le tuteur de l'interdit peut intenter, contre le conjoint de l'interdit, une action en séparation de biens ou une action en séparation de corps, mais non une action en désaveu de paternité.

Le retrait litigieux *est res inter alios acta* vis-à-vis du cédant.

L'art. 1599 est une règle qui doit être transportée en matière de louage.

La société civile n'est pas une personne morale.

Le bénéfice d'inventaire opère les mêmes effets que la séparation des patrimoines vis-à-vis des créanciers de l'hérédité.

DROIT COMMERCIAL.

Le créancier hypothécaire peut profiter du jugement déclaratif de faillite pour rendre sa créance immédiatement exigible.

Les marchés à termes sont licites.

PROCÉDURE CIVILE.

Le manuscrit est insaisissable.

Les lois de compétence peuvent avoir un effet rétrospectif.

Vu par le Président de la thèse,
Ch. GIRAUD.

Vu par le Doyen de la Faculté,
COLMET-D'AAGE.

Vu et permis d'imprimer,
Le vice-recteur de l'Académie de Paris,
A. MOURIER.

Paris. — Typ. A. Parent, rue Monsieur-le-Prince, 29 et 31.

www.ingramcontent.com/pod-product-compliance
Ingram Content Group UK Ltd.
Pitfield, Milton Keynes, MK11 3LW, UK
UKHW020321230726
13925UKWH00002B/546

9 782013 580557